Friedemann Fichtl

Der Teufel sitzt im Chorgestühl

Ein Begleitbuch zum Entdecken und Verstehen alter Kirchen und ihrer Bildwelt

Eschbach

Es ist wohl keine Zeitverschwendung,
wenn ich für Euch die innere Bedeutung
des außerordentlich kunstvollen Werkes schriftlich festhalte.
Viele seiner Teile haben eine sinnbildliche Bedeutung,
die eher göttlicher Eingebung als dem Fachkönnen zuzuschreiben ist.
(Nach der Bauchronik von St. Bénin in Dijon, 11. Jh.)

Der Nicolaus-Cusanus-Akademie in Brixen/Südtirol

Die Deutsche Bibliothek – CIP-Einheitsaufnahme

Fichtl, Friedemann:
Der Teufel sitzt im Chorgestühl: Ein Begleitbuch zum
Entdecken und Verstehen alter Kirchen und ihrer Bildwelt/
von Friedemann Fichtl. – 3., überarb. Aufl. –
Eschbach/Markgräflerland: Verlag am Eschbach, 1996.
ISBN 3-88671-038-6

3., überarbeitete Auflage 1996

Im Alten Rathaus
D-79427 Eschbach/Markgräflerland

Umschlag nach einem Entwurf von Neuffer-Design, Freiburg i. Br.,
unter Verwendung eines Fotos von Jörg Zink, Stuttgart
(Misericordie vom 1474 vollendeten Chorgestühl
von Jörg Syrlin im Ulmer Münster).
Reproduktionen Repro & Service, Waltersweier
Satz und Druck: B&K Offsetdruck GmbH, Ottersweier
Verarbeitung: Großbuchbinderei Josef Spinner, Ottersweier

Inhalt

Vorwort und Hinweise zum Gebrauch

Museen, Ausstellungen und auch Kirchen sind wieder „in“. Zeitraubendes Schlangestehen oder schubweiser Zugang sind nicht selten. Was ist es, daß man solche Mißlichkeiten in Kauf nimmt? Ist es das Bedürfnis, zu den vielbeschworenen „Wurzeln“ unserer Geschichte zu gehen?

Wohl zwangsläufig müssen wir uns meistens mit dem „Vordergründigen“ begnügen, wenn wir Kirchen und Dome und ihre Kunstwerke besichtigen. Der Führer gibt Auskunft über Entstehungszeit und Auftraggeber, über technische und stilistische Gegebenheiten von Bau und Ausstattung. Und dann sehen wir eben, was „ins Auge fällt“, bewundern die kostbare Pracht und Ausstattung, interessieren uns für überraschende Kuriositäten und sonderbare Einzelheiten. Ja, was dies alles wohl gekostet hat; erst recht: was es heute noch an Geld wert ist.

Kunstkenner analysieren mehr die Gestaltung und Ausführung auch kleinster Details, stellen Vergleiche an mit anderen Werken und Künstlern, wissen die harmonischen Proportionen, die feine Farbabstufung oder die überraschende Lichtführung zu schätzen. Ganz selten aber trifft man auf Besucher, die noch Augen haben für den geistigen Gehalt dieser kirchlichen Kunst, die noch um den ursprünglichen religiösen Zusammenhang und die sinnbildliche Bedeutung wissen. Andererseits findet aber derjenige interessierte Zuhörer, der beim Gang durch eine Kirche auf solche „Hintergründe“ aufmerksam macht.

Der Verlag hatte mich gebeten, eine „Sehhilfe“ zum Betrachten und Verstehen der christlichen Kirchen zu liefern. Trotz vieler Mängel und Einschränkungen, deren wir uns bewußt sind, geht das Buch in die dritte Auflage. Und auch die Schwierigkeiten für Verfasser und Leser sind geblieben. Ich konnte ja nicht einen „Führer“ für eine mir vertraute Kirche machen, ihre besondere Entstehungsgeschichte und damit auch ihre ganz eigene Gestaltung für die Bedürfnisse des Gottesdienstes und der Andacht beschreiben. Der Wille der Auftraggeber und Stifter, deren persönlicher Glaube – wie jener der ausführenden Künstler – beeinflußt den geistig-geistlichen Gehalt des Werkes und dessen Gestaltung. Ich muß also den Leser gleichsam in eine imaginäre Kirche führen und kann nur die hauptsächlichen Sinnbilder der jeweiligen Epoche ausführen. Sicher, Hinweise auf ganz bestimmte Kirchen oder kirchliche Kunstwerke geben dem Ganzen einen realen Bezug. Dennoch kann der Benutzer diese Handreichung nur ausnahmsweise „vor Ort“ aufschlagen und genaue Angaben für die Kirche finden, die er gerade besichtigen will. Aber er kann im Voraus lesen bzw. nachlesen, was etwa der Löwe am Portal der Kirche will oder was das Teufelchen in einem gotischen Chorstuhl zu suchen hat, was die Bedeutung eines Gewölbes ist oder die Illusionsmalerei eines barocken Deckenfreskos. Kapitelübersicht, Stichwortverzeichnis und Seitenverweise wollen helfen, sich hier leichter zurechtzufinden.

Die andere, ungleich größere Schwierigkeit beim Abfassen dieses Buches war für mich diese: Wie kann ich ein nur im geistlichen Vollzug zu erfassendes „Lebewesen“, wie es eine dem Gottesdienst und der Frömmigkeit dienende Kirche ist, in ein neutral-informierendes Buchpapier packen. Kirchen sind eben nicht eigentlich für Besichtigungen gebaut. Sie sind Orte der Liturgie, der Predigt und Andacht. Und diesen Funktionen sind die Bildwerke in den Kirchen zugeordnet als Ansichten und Deutungen, Hinweise und Ausblicke der anderen, göttlichen und ewigen Dimension unserer Welt und Geschichte. Als solche wollen die sakralen Kunstwerke zuerst betrachtet werden und nicht des ästhetischen Genusses wegen. Darum ist es eigentlich widersinnig, sakrale Kunstwerke in Museen auszustellen. Aber in dankbarem Respekt sei angemerkt, daß diese Orte nicht wenige der heimatvertriebenen kirchlichen Kunstwerke vor der Vernichtung bewahrt haben.

Wie schon gesagt: Kirchen und Kunstwerke sind Schöpfungen der Liturgie und Andacht. Darum schildert und deutet das Kapitel über die frühchristliche Basilika etwas ausführlicher die allen christlichen Kirchen heute noch wesentlichen Sakramente der Taufe und des Herrenmahles. Die wichtigsten Themen der christlichen Sinnbilder auch späterer Epochen sind hier schon versammelt. Wer nicht informiert ist, tut gut daran, diese Kapitel auch als erstes zu lesen.

Was dieses Buch nicht leisten kann und will, sei kurz nochmals zusammengefaßt: Es gibt keine Auskünfte kunsthistorischer Art, keine Stil- und Baukunde. Dafür gibt es gute Spezialliteratur. Es ist auch kein wissenschaftlicher Beitrag zur Ikonologie oder Ikonographie. Aber etwas von diesen Kenntnissen will es denjenigen vermitteln, die mehr wissen wollen als das Datum der Entstehung, den Namen des Künstlers und den künstlerischen Wert. Und es will zu weiteren Entdeckungen des Sinn-Hintergrundes bei Kirchenbesichtigungen anregen.

Das Himmlische Jerusalem als Leitmotiv des Kirchenbaus

Ich sah die heilige Stadt, das neue Jerusalem, von Gott her aus dem Himmel herabkommen; sie war bereit wie eine Braut, die sich für ihren Mann geschmückt hat. Da hörte ich eine laute Stimme vom Thron her rufen: Seht, die Wohnung Gottes unter den Menschen!

Und es kam einer von den sieben Engeln, entrückte mich in der Verzückung auf einen großen, hohen Berg und zeigte mir die heilige Stadt Jerusalem, wie sie von Gott her aus dem Himmel herabkam, erfüllt von der Herrlichkeit Gottes. Sie glänzte wie ein kostbarer Edelstein, wie ein kristallklarer Jaspis. Die Stadt hat eine große und hohe Mauer mit zwölf Toren und zwölf Engeln darauf. Auf die Tore sind Namen geschrieben: die Namen der zwölf Stämme der Söhne Israels. Im Osten hat die Stadt drei Tore und im Norden drei Tore und im Süden drei Tore und im Westen drei Tore. Die Mauer der Stadt hat zwölf Grundsteine; auf ihnen stehen die zwölf Namen der zwölf Apostel des Lammes.

Und der Engel, der zu mir sprach, hatte einen goldenen Meßstab, mit dem die Stadt, die Tore und ihre Mauer gemessen wurden. Die Stadt war viereckig angelegt und ebenso lang wie breit. Er maß die Stadt mit dem Meßstab; ihre Länge, Breite und Höhe sind gleich: zwölftausend Stadien. Und er maß ihre Mauer; sie ist hundertvierundvierzig Ellen hoch nach Menschenmaß, das der Engel benutzt hatte. Ihre Mauer ist aus Jaspis gebaut, und die Stadt ist aus reinem Gold, wie aus reinem Glas. Die Grundsteine der Stadtmauer sind mit edlen Steinen aller Art geschmückt. Die zwölf Tore sind zwölf Perlen; jedes der Tore besteht aus einer einzigen Perle. Die Straße der Stadt ist aus reinem Gold, wie aus klarem Glas.

Einen Tempel sah ich nicht in der Stadt. Denn Gott, der Herrscher über die ganze Schöpfung, ist ihr Tempel, er und das Lamm. Die Stadt braucht weder Sonne noch Mond, die ihr leuchten. Denn die Herrlichkeit Gottes erleuchtet sie, und ihre Leuchte ist das Lamm. Die Völker werden in diesem Licht einhergehen, und die Könige der Erde werden ihre Pracht in die Stadt bringen. Ihre Tore werden den ganzen Tag nicht geschlossen – Nacht wird es dort nicht mehr geben. Und man wird die Pracht und die Kostbarkeiten der Völker in die Stadt bringen. Aber nichts Unreines wird hineinkommen, keiner, der Greuel verübt und lügt. Nur die, die im Lebensbuch des Lammes eingetragen sind, werden eingelassen.

Das Himmlische Jerusalem. Darstellung in einem Psalter des 12. Jh. aus Zwiefalten.

Die Hauskirche der ersten Christen

Die ersten christlichen Gemeinden sind im vielschichtigen Milieu der jüdischen und hellenistisch-römischen Kultur entstanden. Die Urkirche in Jerusalem war viel stärker, als uns die Apostelgeschichte der Bibel erkennen läßt, vom rabbinischen Judentum geprägt. Der Festkalender, die religiösen Bräuche und Gesetze der Juden hatten ihre Geltung auch weiterhin für die Christen. „Tag für Tag verharrten sie einmütig im Tempel . . . Petrus und Johannes gingen um die neunte Stunde zum Gebet in den Tempel hinauf", heißt es in der Apostelgeschichte. Man brauchte und hatte keinen eigenen christlichen Gottesdienstraum. Zum „Brotbrechen", der Feier des Abendmahles, traf man sich in den Privathäusern, deren Räume dafür geeignet und sicher auch dementsprechend hergerichtet waren.

Bald kam es zu heftigen Auseinandersetzungen mit dem offiziellen Judentum und zu Vertreibungen. Neue Gemeinden entstanden schnell – auch in nichtjüdischen Gebieten. Eusebius, der erste christliche Geschichtsschreiber, nimmt sicher den Mund mächtig voll, wenn er schildert, daß schon unter Kaiser Tiberius, also vor dem Jahre 37, „der ganze Erdkreis widerhallte von der Stimme der Evangelisten und der Apostel". Aber was uns die heutige Geschichtswissenschaft über das Ausmaß und Tempo der christlichen Mission berichtet, ist erstaunlich genug. Wir wissen aus historischen Quellen, daß es nun ganze Gebäude samt Gärten gab, die ausschließlich dem christlichen Kult geweiht waren, dementsprechend umgebaut bzw. hergerichtet wurden, nach außen aber die Gestalt eines Privathauses beibehalten hatten. Der Name des Stifters blieb oft als Titel in der späteren *Titelkirche,* z.B. in Rom, erhalten. Ein größerer, rechteckiger Saal ohne Apsis war der Kultraum, gegliedert durch Balustraden in Gemeinde- und Klerikerraum. Ein kleinerer, gesonderter Raum war die Taufkapelle, das Baptisterium. Es gab Räume für die Verwaltung und die Caritas, für die Wohnung des Bischofs und für durchreisende Christen.

Als dann auch noch hochgestellte und begüterte Persönlichkeiten, wie der römische Senator Publius, sich zum Christentum bekehrten, stellten diese ihre repräsentativen Paläste den christlichen Ortsgemeinden für Abb. S. 9 deren Zwecke zur Verfügung. Gerade die Stadtpaläste eigneten sich dafür bestens. Ein Eingangsflur, das Vestibulum, führte in das Atrium, den Zentralraum des Hauses, wo das heilige Herdfeuer brannte und auch der Altar der Hausgötter und die Bildnisse der Ahnen standen. Diese Ahnenbilder leben dann später in den großen römischen Basiliken in Gestalt der Rundbilder von Stiftern, Päpsten und Kaisern weiter. Das Atrium wirkte wie ein Innenhof, denn eine Dachöffnung gab reichlich Licht und ließ auch das Regenwasser in ein Wasserbecken mitten im Atrium abfließen. Dann folgte in der Achse vom Eingang über das Atrium hin das Tablinum, ein großer Raum, dem oft zwei Seitenschiffe angegliedert waren. Das war der Verwaltungs- und Besuchsraum des Hausherrn für seine Geschäfte und Klienten. Ein eigener Speisesaal, das Triclinium, schloß die Raumfolge ab. Atrium und Tablinum dienten nun den Christen für das gemeinsame Beten und Singen und wohl auch für die Predigt, während man im Speiseraum das „Herrenmahl", die Eucharistie, feierte.

Was die Archäologen bei Ausgrabungen solcher Hauskirchen ans Tageslicht beförderten, ist enttäuschend wenig. Das liegt nur zum Teil am zerstörenden „Zahn der Zeit". Die ersten Christen legten nicht allzuviel Wert auf eigene Kunstwerke. Sie erwarteten ja die baldige Wiederkunft

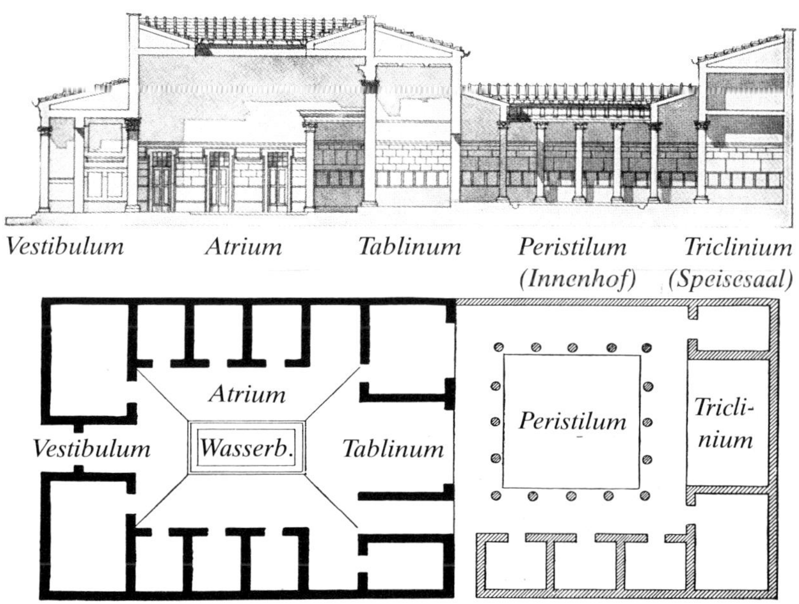

Aufriß und Grundriß eines antiken Hauses.

Christi: einen neuen Himmel und eine neue Erde. „Es komme die Gnade und es vergehe diese Welt!", beteten sie in ihren Meßfeiern. Ja, den getauften Künstlern begegnete man mit unverhohlenem Mißtrauen. Sie sollten sich lieber als solide Handwerker betätigen, sagt Tertullian. Eigentlich gebe es nur ein einziges Bild (Imago) von Gott, nämlich den menschgewordenen Sohn Gottes: Jesus Christus. Und von dem gebe es wiederum nur lebendige Abbilder; das seien die Christen, die durch ihre Tugenden Christus ähnlich seien, meint Clemens von Alexandrien.

Frühchristliche Sinnbilder

Gegenüber der allgegenwärtigen Bilderfreude der heidnischen Antike übten die frühen Christen geradezu karge Enthaltsamkeit, wenn auch nicht alle Kirchenmänner die alten Kunstwerke für gefährlichen Teufelskram oder belanglose Dekoration erachteten. Tatsächlich räumten nach dem Ende der Verfolgung nur im Osten des Römischen Reiches fanatische Mönche rigoros mit den heidnischen Heiligtümern auf, während die griechisch gebildeten Akademiker auf den Bischofsstühlen sich eher wie aufgeklärte Denkmalspfleger verhielten. Wer wollte auch von den vornehmen und reichen Leuten verlangen, daß sie nach ihrer Bekehrung zum Christentum den illusionistischen Raumschmuck ihrer Häuser mit all den gemalten Tauben und Pfauen, den Löwen und Fischen, den Nymphen und Heroen, Hirten und Seefahrern, den zauberhaften Landschaften und Architekturen überpinselten. Man sah, daß viele dieser Darstellungen – selbst solche aus den heidnischen Göttermythen – sich anboten, den christlichen Glauben anschaulich zu deuten. „Komm, ich will dir den Logos zeigen und die Mysterien des Logos, und ich will sie dir erklären in Bildern, die dir vertraut sind", sagt Clemens von Alexandrien seinen hellenisch gebildeten Zeitgenossen. Der Logos ist Christus, das endgültige Weisheitswort Gottes. Und die Mysterien sind die Erlösungstaten Christi und ihre Feier, die Sakramente. Reden nicht die Texte der Bibel in ähnlichen und gleichen Bildern? Solche den damaligen Christen „vertrauten Bilder" können wir heute noch am ehesten an den Wänden der Katakomben, an Mosaikresten und an den Reliefs der frühchristlichen Särge sehen.

Abb. S. 11 Vögel, vor allem *Tauben,* tummeln sich fast überall. „Unsere Seele ist wie ein Vogel dem Netz des Jägers entkommen; das Netz ist zerrissen, und

Guter Hirte. Deckenmalerei, Ende 3. Jh., in der Priscilla-Katakombe, Rom.

„Komm, Herr Jesus, suche dein verlorenes Schaf. Komm, Hirte, suche die Schafe wie Josef. Komm nicht mit der Rute, sondern mit der Liebe und dem Geiste der Milde. Suche mich, denn auch ich suche dich. Suche und finde mich, nimm mich auf, trage mich. Komm, um auf der Erde Heil, im Himmel Freude zu schaffen." (Aus einem Gebet des Ambrosius von Mailand, 4. Jh.)

wir sind frei." So beten die Christen (Psalm 124,7) und erinnern sich an die Taufe, an die Befreiung vor den Nachstellungen des Teufels. Man meinte damals, die Tauben hätten keine Galle. So ist es einsichtig, daß Jesus die Seinen ermahnt, ohne Falsch zu sein wie die Tauben. Und die Theologen predigen über diese Tauben, die den Paradiesgarten bevölkern, die aus dem Lebensbrunnen trinken und von den Beeren des Weinstockes naschen. Auch der *Angler* in den beliebten Nillandschaften konnte bleiben, ist er doch der Apostel oder gar der Herr selbst, der die Christen aus dem Taufwasser fischt, „die reinen Fische aus dem unreinen Meer, aus den bösen Wellen am süßen Köder des Lebens" (Clemens von Alexandrien). Das *ankerbewehrte Schiff* mit vollen Segeln meint die sichere Lebensfahrt im Schutz der Kirche zum Hafen der Ewigkeit, angetrieben vom Heiligen Geist.

Ausdrücklich aber werden alle Darstellungen von Obszönitäten und von Kriegswaffen verbannt. Dafür sehen wir einen *jungen Hirten* sein Lamm liebevoll auf den Schultern tragen. Früher hat der Hermes der griechischen Göttersage in dieser Gestalt die Seele des Verstorbenen sicher Abb. S. 11 geleitet. Nun ist es der „Gute Hirt" Jesus Christus, der die Seinen aus aller tödlichen Gefahr rettet. Auch der leierspielende *Orpheus* wird zum Hinweis auf den „Logos und seine Mysterien". Wie die Stimme des mythischen Sängers die wilden Tiere bezauberte, so gewinnt jetzt Christus die Sünder für sich. Und wie jener mit seiner Musik den Höllenhund zähmte und den schrecklichen Hades so rührte, daß er Euridike aus dem Totenreich entließ, so ist nun Christus der wahre Orpheus, der die Menschheit als seine Braut aus der Unterwelt rettet.

Auch die schöne Erzählung vom Eros, der die Psyche aus dem Todesschlaf aufweckt, kann weiterhin dargestellt werden. Dem Christen redet dieses Sinnbild von seiner Hoffnung auf ewiges Leben in Christus. Und der Eingeweihte erkennt in dem schlafenden, nackten Jüngling unter der Kürbislaube den Propheten *Jona* und in diesem wieder ein Vorbild auf den Herrn selbst und das Mysterium der Auferstehung, während der Heide nur den schönen Zeussohn *Endymion* in seinem Ewigkeitsschlafe sieht. Auf dem Mosaik einer Grabkapelle unter der Peterskirche in Rom sehen wir Christus, der wie der unbesiegte Sonnengott *Helios* im pferdegezogenen Wagen über den Himmel fährt. Eine Weinlaube umrankt das Ganze.

Beispiele solch mythisch-christlicher Wechseldeutung aus dem Repertoire antiker Künstlerateliers ließen sich mehren. Es gibt Marmorsarkophage mit Darstellungen, über die sich die Fachgelehrten heute noch den Kopf zerbrechen, ob sie nun neuplatonisch-heidnisch oder christlich zu verstehen seien. In Zeiten der Christenverfolgungen mögen solche zwitterhaften Sinnbilder recht willkommen und auch nützlich gewesen sein. Dem Nichtchristen fielen sie nicht weiter auf. Er kannte sie aus dem Panoptikum der spätantiken Götterwelt. Dem Eingeweihten aber redeten sie von seinem Heil in Christus. Aber auch nach der Duldung und der offiziellen Anerkennung des Christentums im Jahre 313 begegnen wir ihnen. Sie waren, so scheint es, schon zu überlieferten Klischees geworden. (Eine Liste weiterer Sinnbilder ist auf S. 20ff. aufgeführt.)

Wir haben aus dieser Zeit aber auch eindeutig *biblische Darstellungen.* Und es fällt auf, daß häufig dieselben Szenen wie zu einer feststehenden Abb. S. 12 Bilderserie gefügt sind: der geheilte Lahme mit seiner Bettstatt auf dem Rücken; der Blindgeborene am Teich Schiloach; das winzige Häuflein Elend zu Füßen des Herrn: die blutflüssige Frau; den wie eine Mumie ein-

Christlicher Sarkophag, 4. Jh., aus dem Thermenmuseum in Rom.
Oben links: *Die drei Magier (mit phrygischen Mützen) huldigen dem Christuskind; hinter der thronenden Maria steht der Seher Bileam;* rechts: *Doppelszene aus der Jonageschichte.*
Unten von links nach rechts: *Mose schlägt Wasser aus dem Felsen; Verhaftung des Petrus; Jesus weissagt die Verleugnung des Petrus; Orante (Kirche) zwischen den Apostelfürsten Petrus und Paulus; Heilung des Gelähmten; Heilung des Blinden; Auferweckung des Lazarus (zu Füßen Jesu die blutflüssige Frau).*

gewickelten Lazarus in seinem Grabhaus; nicht zu vergessen die Hochzeit zu Kana, wo Jesus wie ein antiker Wundertäter mit dem Stab die Wasserkrüge berührt. Keine Frage, solche Bildergruppen geben uns den Einblick in eine Art *Kurzkatechismus* der frühen Kirche und in ihre Taufvorbereitung. Heute noch können wir in den Lesungen der katholischen Kirche zur Fastenzeit diese Bibelabschnitte hören. Und heute noch werden bei den Katholiken die Sterbenden mit den gleichen Rettungsgebeten Gott anvertraut, wie wir sie aus frühchristlichen Sterbelitaneien kennen: „Rette, o Herr, die Seele deines Dieners, wie du errettet hast Henoch und Elija von dem allgemeinen Tod der Welt . . . , wie den Noach aus der Sintflut und Abraham aus Ur im Chaldäerland, den Ijob aus seinem Leid, den Isaak vom Opfertod . . . , den Lot aus Sodom und dem flammenden Feuer, den Mose aus der Hand des Pharao . . . , den Daniel aus der Löwengrube, die drei Knaben aus dem brennenden Ofen . . . , Susanna von der falschen Anklage, den David aus der Hand des Königs Saul . . . , den Petrus und

Paulus aus ihren Gefängnissen . . . " Genau diese Szenen entdecken wir an
Abb. S. 13 den Wänden der Katakomben und auf den Reliefs der Sarkophage.

Wie anders, lebensbejahend und voller Vertrauen auf die Rettung und den Frieden Gottes, stimmen die Grabinschriften dieser Christen gegenüber der stoischen Resignation und Trostlosigkeit ihrer heidnischen, aufgeklärten Zeitgenossen. Hier: „Mögest du leben in Gott! Gott erquicke dich! Lebe in Frieden!" Und dort: „Niemand ist unsterblich!" Oder der offensichtlich „unsterbliche" Spruch: „Möge die Erde dir leicht sein!" Wonach die Heiden träumend sich sehnten, dessen sind sich die Christen sicher, des „Ortes der Erquickung, des Lichtes und des Friedens" beim himmlischen Gastmahl. Unmerklich fast wird aus dem heidnischen Totenmahl der Hinterbliebenen das mystische Pharmakon Christi für die Unsterblichkeit: die sieben Brotkörbe und eine Schüssel mit zwei Fischen.

Die *Katakomben* selbst waren – im Gegensatz zu einer romantischen, aber irrigen Vorstellung – nie reguläre Gottesdiensträume. Hier traf man sich eben zur Gedächtnisfeier eines Toten, besonders eines Märtyrers. Weil aber auch bei Verfolgungen die römische Polizei in der Regel die Friedhöfe – nichts anderes sind die mehrstöckigen Katakomben – als heilig und unverletzlich respektierten, konnte sich hier mancher Christ der gefährlichen Nachforschung entziehen. Die unterirdischen Kirchen in den Katakomben, wie wir sie heute sehen, sind erst später entstanden, als nach dem Frieden des Mailänder Ediktes (313) die Gräber der christlichen Märtyrer zu vielbesuchten Wallfahrtsorten wurden.

Die frühchristliche Basilika

Es ist bekannt, daß Kaiser Konstantin, der im Jahre 313 den Christen nach heftigsten Verfolgungen die Freiheit schenkte, dies nicht ohne politisches Kalkül tat. Noch die christlich verklärte Legende von der Kreuzesvision des Kaisers läßt es erkennen: „In diesem (Kreuzes-)Zeichen wirst du siegen!" Konstantin erkannte klar die Vitalität und geistige Kraft des Christentums. Um dem Reich den Frieden zu sichern, gab er der Kirche den Frieden und erhob sie bald zur Reichskirche. Das Kirchenrecht wird staatliches Recht. Die Bischöfe werden den staatlichen Würdenträgern gleichgestellt. Der Kaiser gibt seine Herrschaftsrechte an Christus ab, um sie aber als dessen Stellvertreter im Gottesgnadentum mit umso höherer Würde wieder auszuüben. „Titel, Thron, Purpurgewand, Nimbus, das Thronen auf dem Himmelsgewölbe oder der Weltkugel, das Stehen auf den Wolken oder dem überwundenen Drachen, die herrscherliche Geste der erhobenen Hand, die Akklamation und Gabendarbringung der Würdenträger, das Empfangen der Gaben auf verhüllten Händen, der quergelagerte Thronsaal, der Baldachin als kleines Abbild des Himmels, die Namen Aula und Sacrarium (= Palast und Thronsaal, wörtlich Heiligtum) für Kirche und Altarraum, die vom Sonnenkult her gewohnte Ostung des Baues, Weihrauch, Kerzen, Kniefall – dieses und manches andere geht, zum Teil im 4., vollends im 6. Jahrhundert vom Kaiser auf den Christus-Kyrios über. Die Heiligen erhalten die Rangabzeichen der hohen Beamten, die Apostel die kaiserliche Purpurtoga, die Muttergottes die Tracht der Kaiserin" (Eduard Syndicus).

Mit der Öffentlichkeit der Kirche mußte sich auch die Gestalt des Kirchenraumes verändern. Bezeichnenderweise übernahm die Kirche nicht die großartige Architektur der Thermen mit ihren kühnen Gewölben oder gar die der römischen Tempel mit ihren großen, rechteckigen Innenräumen oder den Rundtempel etwa des Pantheons. Sie wurden als heidnisch-weltlich gemieden.

Die *römische Basilika,* die nicht dem Kult diente, sondern dem öffentlichen Gemeinschaftsleben mit Markt, Gerichtssitzung und Festversammlung, entsprach viel eher dem Selbstverständnis der christlichen Gemeinde als „Versammlung des Herrn", als „Kyriaké", von dem unser Wort „Kirche" stammt. Es gab ein- und mehrschiffige Basiliken je nach Zweck der Bauten.

Wie schon erwähnt, hielten die Christen besonders gern in den Stadt- s. S. 8 palästen ihre Gottesdienstversammlungen ab. Und als nach 313 die kaiserlichen Baubehörden den Christen mächtige Prunkbasiliken hinstellten, war dieser Bautypus auch noch staatlicherseits sanktioniert.

Nun hatte schon vordem die profane römische Basilika eine symbolische Bedeutung. Im Rechteck angelegt, glich sie einer Kurzformel der antiken Stadt und war als solche ein zeichenhaftes Abbild des Kosmos mit seinen vier Himmelsrichtungen (Roma quadrata). Die Portalfassade entsprach dem Stadttor. Das von Säulen gestützte Langhaus glich der von Arkadenhallen gesäumten Hauptstraße. Die rosettengeschmückte Kassettendecke erinnerte an den sternenbesäten Himmel. Das Querhaus war die Hauptquerstraße (Cardo) zu den kaiserlichen Residenzräumen mit dem Triumphbogen. Der Chorbogen (Porta praetoria) führte in die Apsis, den Thronsaal des Kaisers, bzw. zum Stuhl des Tribunen, Richters oder Versammlungsleiters inmitten des Senates.

So war es nicht allzu schwierig, die Sinnbilder der biblischen Gottes- s. S. 6 stadt, des Himmlischen Jerusalems, auf die christliche Basilika zu übertragen. Die Theologen der frühen Kirche, die sogenannten Kirchenväter, sagen zwar im Anschluß an die Bibel, der beste Tempel, das wahrhafte Heiligtum Gottes sei nicht der sichtbare Kirchenbau, sondern die Gemeinde der Auserwählten, der Bau aus den lebendigen Steinen der Gläubigen. Gleichwohl stellen die Architektur und die Ausgestaltung des Gotteshauses mit Überlegung die „Stadt des Herrn", *das Himmlische Jerusalem* dar, dessen Bürger die Gläubigen durch die Taufe werden und an dessen Seligkeit sie schon in den Feiern der Liturgie immer wieder teilhaben.

Abb. S. 17 Die *frühchristliche Basilika* als Muster für die meisten Kirchenbauten ist zweifellos eine *Schöpfung der Liturgie.* Und wir werden auch die zeichenhafte Bedeutung der Kirche – nicht nur der Basilika – am ehesten verstehen, wenn wir den christlichen Gottesdienst in seinen wesentlichen Vollzügen kennen.

Heute noch bestimmen zwei Gewichte den Gottesdienst der katholischen Kirche: die Verkündigung und die Eucharistiefeier. Die frühen Basiliken Roms und Ravennas zeigen uns die entsprechenden Orte: den Bischofsstuhl (Kathedra) im Rund der Apsis und den verhältnismäßig Abb. S. 33 kleinen Altar im Kirchenschiff. Am Wortgottesdienst, so heißt heute die offizielle Bezeichnung, durften alle teilnehmen. Denn gerade für die Taufbewerber (Katechumenen) war die Katechese wichtig. Vom

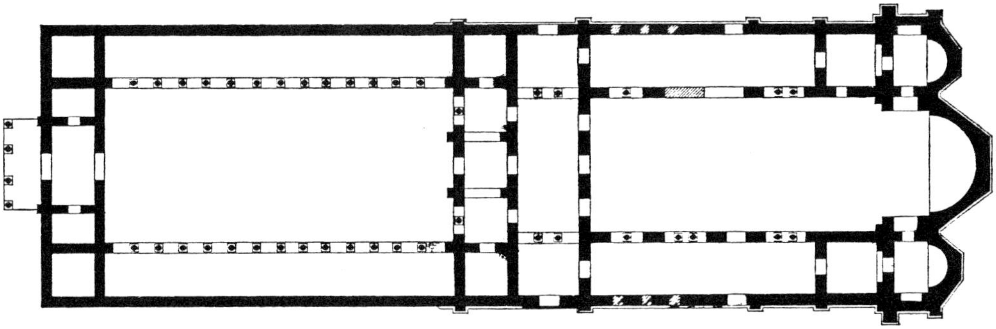

Grundriß der zwischen 870 u. 880 erbauten Bischofs- und Zarenbasilika in Pliska/Bulgarien. Von links nach rechts: Portikus – Atrium – äußerer und innerer Narthex – Basilika mit Hauptapsis und gesonderten Nischenräumen für die ostkirchlkiche Liturgie.

Herrenmahl, der Eucharistie, aber waren sie buchstäblich ausgeschlossen, sie mußten die Kirche verlassen. Erst durch die Taufe wurden sie zu vollberechtigten Mitgliedern der Gemeinde, zu „Mitbürgern der himmlischen Stadt".

Die Taufe und ihre Sinnbilder

In der alten Kirche gehört die Taufe neben dem Herrenmahl zu den großen Mysterien, wie man in der Ostkirche sagt; die Westkirche nennt sie Sakramente. Ihre Sprache ist die des analogen Redens und die der Symbole.

In mehreren Stationen und *Riten* werden die Taufbewerber – Erwachsene und Kinder – in die Kirche eingeführt.

Die Aufnahme erfolgt nach dreijährigen Vorbereitungen und Prüfungen in der Osterzeit. Zu Beginn der Fastenzeit kommt der Taufbewerber mit seinem Paten zum Bischof, um sich namentlich ins Kirchenbuch einschreiben zu lassen. „Sei dir bewußt", wird ihm gesagt, „daß du jetzt auch im Himmel eingeschrieben bist, wo man sich sorgfältig deiner annimmt und dich, einen Fremdling und Neuankömmling, über alles belehrt, was diese Stadt und die Lebensart daselbst betrifft, so daß du dich ohne Unruhe und Verwirrung an das Leben in dieser großartigen Stadt gewöhnst" (Gregor von Nyssa).

Die tägliche Katechese, die Absage vom Teufel und dem heidnischen Götterkult (Apotaxis), das Bekenntnis zu Christus (Syntaxis) in den Riten des Exorzismus, dann die

Handauflegung und die Übergabe des Glaubensbekenntnisses, des „Symbolums", finden Abb. S. 17 als die unmittelbaren Taufvorbereitungen in der Vorhalle, dem *Narthex,* statt. Dieser ist im *Westen* (Okzident), der Kirche vorgebaut. Der Eingang zur Kirche liegt dann östlich davon gegen Sonnenaufgang (Orient). Was es damit für eine Bewandtnis hat, wird den Täuflingen erklärt: „Zuerst seid ihr in die Vorhalle eingetreten und mußtet dann, stehend gen Westen gewendet, die Hand erheben. Ihr habt Satan abgeschworen, als stünde er vor euch, und spracht: Ich widersage dir, Satan, und all deinem Pomp und Kult . . . Da der Westen die Region der sichtbaren Finsternis ist und Satan, dessen Anteil die Finsternis ist, darin auch sein Reich hat, so habt ihr durch die symbolische Hinkehr nach Westen diesem finsteren und dunklen Tyrannen abgeschworen" (Cyrill von Jerusalem). Im Westen stehen für die Alten die Pforten des Hades, wo Helios auf dem Sonnenwagen ins Meer taucht. Hier liegt der Zugang ins Reich des Todes, zu den Schatten der Unterwelt.

Nach dem Abschwören mit erhobener Hand gegen Westen wendet sich der Täufling nach *Osten* und bekennt sich zu Christus. Dem Taufbewerber wird dies erklärt: „Wenn du dich von Satan losgesagt hast . . . , eröffnet sich dir das Paradies Gottes, das im Osten angelegt war und aus dem unser Stammvater seines Ungehorsams wegen vertrieben wurde. Um das zum Ausdruck zu bringen, wendest du dich vom Westen zum Osten, der Region des Lichtes, und sprichst: Ich glaube an den Vater, den Sohn und den Heiligen Geist" (Cyrill von Jerusalem).

In dieser Hinwendung nach Osten, wörtlich „Orientierung", beteten auch sonst die Christen, bauten sie ihre Kirchen und markierten sie ihre Gebetsräume selbst in den Privathäusern. Nach Osten ließen sie sich schließlich auf dem Sterbebett ausrichten, um Aug in Aug mit dem wiederkommenden Christus bereit zur Auferstehung zu sein. „O Aufgang, Glanz des ewigen Lichtes und Sonne der Gerechtigkeit, komm und erleuchte, die in Finsternis und Todesschatten sitzen", betet die römische Liturgie.

Die Taufe selbst heißt in der Ostkirche „Erleuchtung" (Photismos). Sie wird „zur Stunde des Hahnenschreis" der Ostervigil (d.h. der dem Ostermorgen vorangehenden Gebetswache) gespendet. Wenn die Nacht in den Tag übergeht, führt man die Täuflinge ins Baptisterium, wo sie – durch Vorhänge vor indiskreter Neugier geschützt – in einem Flur oder in abgeteilten Nischen ihre Kleider ablegen. Diese Symbolhandlung wird ihnen erklärt: „Wirf ab den alten Menschen wie ein schmutziges Kleid . . . und nimm das Gewand der Verklärung, das Christus dir bereithält" (Gregor von Nyssa).

Abb. S. 19 Doch bevor sie dieses weiße Kleid erhalten, führt man sie zum *Taufbecken,* einer runden oder kreuzförmigen, sehr häufig aber achteckigen Vertiefung, in welche „lebendiges", d.h. fließendes Wasser strömt. Und so nennt man auch den Taufbrunnen und das ganze Baptisterium: Fons, Quelle. Über Stufen steigen die Täuflinge in diese Quelle hinab und werden dreimal in das Wasser untergetaucht oder mit Wasser übergossen. Die „Wiedergeborenen", so heißen sie jetzt, ziehen die neuen weißen Kleider an und treten vor den Bischof. Der salbt sie mit Chrisam-Öl und „siegelt" sie mit dem Kreuzzeichen (Consignatio, Sphragis). Das

Blick in den Innenraum des Baptisteriums (Taufkirche) der Orthodoxen, 5. Jh., Ravenna.

„Hier ist die Quelle des Lebens. / Den ganzen Erdkreis umspült sie. / Aus der Wunde des Herrn / nahm sie gesegneten Lauf." (Inschrift am Baptisterium des Lateran, Rom)

Kreuzzeichen kommt wohl in diesem Zusammenhang ursprünglich vom hebräischen Thaw (T), dem kreuzförmigen letzten Buchstaben des hebräischen Alphabets, dem Symbol für den Namen Gottes. Es ist das Schutzzeichen, das die auserwählten auf ihrer Stirn tragen. Sphragis heißt auch der Brandstempel, der die Schafe für seinen Besitzer kenntlich macht. In der römischen Armee wurden die Soldaten mit dem Monogramm ihres Feldherrn auf der Hand oder dem Arm tätowiert. Nun gilt es dem Täufling: „Dieses Zeichen stempelt dich zum Schaf der Herde Christi, zum Soldaten des himmlischen Königs" (Theodor von Mopsvestia). Mancherorts bekränzt man die Neugetauften mit frischem Grün oder reicht ihnen Milch und Honig, die Speise des Gelobten Landes. Schließlich ziehen sie in die geschmückte Basilika, wo sie erstmals am Herrenmahl teilnehmen.

All diese Handlungen haben ihre Bedeutung. Die liturgischen Texte selbst und die Predigten von damals erklären sie. Und in der Gestaltung der Taufhäuser mit ihren Darstellungen können wir sie heute noch ablesen.

Abb. S. 19 u. 25

Da ist *die Zahl Acht.* Im Grundriß des Baptisteriums, in den Schranken und im Taufbecken selbst versteckt sie sich. Schon in vorchristlicher Zeit gilt die Acht als Zeichen für die Ewigkeit, für die Vollendung und die unzerstörbare Ruhe. Es ist die „Heilige Acht", die Ogdoas, in der die Pythagoreer alle Siebener-Zyklen des Weltenkosmos aufgehoben und vollendet sehen. Die kreisenden sieben Planetensphären ruhen ja im achten Fixsternhimmel. „Alles ist acht!", weiß ein antikes Sprichwort. Ähnliches sagt auch die Bibel. Sie sieht in der Zahl Acht immer einen Neuanfang mit dem Ziel des Unzerstörbaren, des Ewigen. Acht Menschen werden in der Arche Noach aus dem Untergang der verderbten, alten Menschheit gerettet. Diese acht begründen die neue Menschheit nach der Sintflut. Der erste Petrusbrief nennt sie ein Vorbild der Taufe und verweist gleichzeitig auf die Auferstehung Christi, die ja wieder nach der Bibel die neue Menschheit schlechthin begründet. Die Juden beschneiden ihre Kinder am achten Tag als Bezeichnete für den Gottesbund. Der achte Sohn des Isai, der geliebte David, begründet das Geschlecht, aus dem Christus stammt, und der ist am achten Tag von den Toten erstanden. Der heilige siebte Tag der Juden, der Sabbat, vollendet sich im Tag darauf, im achten Tag, an dem die unbesiegbare Sonne Christus aufersteht. Mit dem achten Tag, dem Sonntag, beginnen jetzt die Christen die Woche. An ihm versammeln sie sich im Gedenken an den Auferstandenen zum gemeinsamen Mahl und erwarten seine Wiederkunft am „jüngsten" Tag, dem ersten Tag der Ewigkeit.

In lateinischen Versen ließ Bischof Ambrosius an einer Mailänder Taufkirche diese (inzwischen zerstörte) Inschrift meißeln:

> „Achtfach genischt erhebt sich der Tempel zu göttlichem Dienste.
> Oktogonal ist der Quell, würdig solch heiligen Tuns.
> In der mystischen Acht muß das Haus unserer Taufe erstehen,
> denn in ihm wird geschenkt ewiges Heil allem Volk
> durch das Licht des erstandenen Christ, der die Riegel des Todes
> sprengte und aus der Gruft alle Gestorbenen befreit,
> der von dem Makel der Schuld erlöst die reuigen Sünder,
> da er sie reinigt im Bad dieses kristallenen Quells."

Es kann darum kaum verwundern, wenn auch an Mausoleen und Sarkophagen Sinnbilder der Taufe zu entdecken sind. Im Ritus des dreimaligen Abb. S. 13 Untertauchens soll der Täufling erleben, wie sein altes, sündiges Leben abstirbt und er „so das dreitägige Begräbnis Christi sinnbildlich darstellt" (Cyrill von Jerusalem). Im Auftauchen wird er neugeboren. Ihm ist das Leben des Auferstandenen gewiß auch über den leiblichen Tod hinaus; denn „wer von der irdischen Mutter geboren wird, der wird in den Tod geschleudert und in die Welt. Wer aber von Christus wiedergeboren wird, der wird in das Leben hinüberversetzt, in die Ogdoas. Solche Menschen sterben für die Welt, aber sie leben für Gott, auf daß der Tod durch den Tod aufgelöst werde und die Vergänglichkeit durch die Auferstehung." Diese Worte aus einer altchristlichen Taufbelehrung könnten genausogut bei einem Begräbnis gesagt werden.

Etwas leichter als bei der eher abstrakten Zahlensymbolik dürften s. S. 65ff. wir uns bei der Deutung der bildlichen Darstellungen tun. Immer wieder begegnet uns das Bild vom *Paradiesgarten* mit seinen Pflanzen und Tieren an den Wassern der vierfach strömenden Quelle. „Hier in diesem Wasser wäscht Christus Adams Sünde ab", lautete eine Inschrift der Mainzer Taufkapelle. Nicht selten können wir darum Adam oder das erste Menschenpaar abgebildet sehen.

Christus selbst geleitet als der Gute Hirte die Seinen in eine paradie- Abb. S. 11 sische Landschaft, wo sie in Gestalt von *Lämmern* Weide und Ruheplätze finden. Am Ostersamstag, an dem in der alten Kirche die Neugetauften ihre weißen Kleider wieder ablegten, sang man im Stundengebet:

> „Das sind die neuen Lämmer,
> die das Halleluja brachten:
> Eben sind sie zur Quelle gekommen;
> sie sind erfüllt mit hellem Licht.
> Halleluja, Halleluja.
> Vor dem Angesicht des Lammes
> sind sie angetan mit weißen Gewändern,
> und Palmen sind in ihren Händen."

Nicht so leicht zu verstehen ist die seltenere Darstellung eines *Hirsches,* Abb. S. 51 der eine Schlange verschlingt bzw. sie ausspeit. Die Antike war der Meinung, ein Hirsch könne mit seinem Atem oder mit Wasser, das er aus seinem Mund speit, die gefährlichen Schlangen aus ihren Verstecken treiben und sie dann töten. So wäre hier der Hirsch ein Sinnbild für Christus, der die todbringende Teufelsschlange besiegt. Eine andere Meinung war, daß der Hirsch gerne Schlangen frißt. Um aber nicht von ihrem Gift getötet zu werden, muß er schnellstens Quellwasser trinken. Dann kann er das Gift oder auch die getötete Schlange ausspeien. Hier bedeutet dann der Hirsch den Täufling, der durch die Taufe vom Tod der Sünde befreit wird.

Abb. S. 11 Auch in den *Tauben* des Paradiesgartens, die von den sprudelnden Lebensquellen trinken und sich stärken an den köstlichen Früchten, erkennen wir die Neugetauften. „Ich glaube nämlich, daß ... die, welche die Kraft des Heiligen Geistes empfangen haben ... gleich ihm, der in Taubengestalt erschien, taubengleich werden. So können sie aus dem Gebiet des Irdischen ... zum Himmel entfliehen, getragen von Flügeln des Heiligen Geistes", erklärt Origenes.

Ähnlich erinnern den Täufling auch die *Pfauen* an das ihn erwartende Paradies, denn die metallgelänzenden Augen im Gefieder gleichen den funkelnden Sternen am Himmel. Überdies glaubte man damals, Pfauenfleisch sei unverweslich.

Hirsche, Tauben und die Pfauen leben also von den Wassern und Früchten des Paradieses, wie die Gläubigen schon am ewigen Leben Anteil haben durch die Taufe und im eucharistischen Mahl.

Fische schwimmen in den Wassern der Paradiesflüsse oder im Jordan, den Lebenselementen der Getauften. „Kleine Fische sind wir", sagt Tertullian in einem Buch über die Taufe, „die wir geboren sind aus dem Ichthys (griechisch = Fisch) Jesus Christus, und wir bleiben nur am Leben, wenn wir im Wasser bleiben." Wie die Urflut am Anfang der Schöpfung die Fische hervorbrachte, so gebiert das Taufwasser die Christen. Piscina heißt das Taufbecken. Pisciculi sind die Fischlein. Das urchristliche Sinnbild des Fisches für Christus hängt vermutlich mit der verschlüsselten Kürzung des Namens und Titels Jesu zusammen, deren Anfangsbuchstaben das Wort Ichthys ergeben:

Ι	Jesous	Jesus
Χ	CHristos	Christus
Θ	THeou	Gottes
Υ	Yos	Sohn
Σ	Soter	Retter

Augustinus deutet damit Taufe und Eucharistie. Christus sei der Fisch, weil er im Abgrund der Sterblichkeit wie in tiefen Wassern lebendig lebe.

Phönix mit Nimbus auf einem Blumengrund. Ausschnitt aus einem Fußbodenmosaik, 5. Jh., im Haus des Phönix in Antiochia (heute im Louvre, Paris).

„Wie die Sonne Freude ist für die, so ihren Tag suchen, so ist meine Freude der Herr: Denn er ist meine Sonne. Seine Strahlen haben mich aufgerichtet, sein Licht hat weggewischt alle Finsternis von meinem Antlitz. Durch ihn habe ich Augen erhalten, und nun schaue ich den Tag. Den Weg des Irrtums habe ich verlassen: Zu Ihm bin ich gegangen."
(Aus der 15. Ode Salomos, 2. Jh. n. Chr.)

Er, der große Fisch, sei als erster aus dem Meer gestiegen und sitze im Himmel, um für uns Fürbitte einzulegen. Er sei der aus dem Meer gehobene Fisch, der am Tisch gespeist wird; denn dazu sei er aus der Tiefe gehoben, um das trockene Land zu nähren.

Auch der mythische Vogel *Phönix* verweist auf die Neugeburt durch die Taufe. Zugleich ist er ein Sinnbild für den auferstandenen Christus. Nach der damaligen Meinung soll der Phönix, wenn er alt geworden ist, von Indien in Richtung Sonnenuntergang in die ägyptische Sonnenstadt Heliopolis fliegen. Während er in die Sonne blickt, verbrennt er auf einem Scheiterhaufen. Doch am dritten Tag erhebt er sich verjüngt und strahlend aus der Asche. Abb. oben

Die uns schon aus der Katakombenzeit bekannten Bilderserien mit biblischen Szenen begegnen uns wieder. Sie bleiben übrigens, im wesentlichen unverändert, die gleichen bis ins Mittelalter hinein. Es sind *typische Bilder,* d. h. Bilder mit Hinweischarakter, eigentliche Vor-Bilder der Taufe. Die Texte der alten Taufliturgien nennen sie genauso, wie sie heute noch in der katholischen Kirche in der Osternacht besungen werden: s. S. 12ff. s. S. 51

Die Urflut mit dem Geist am Anfang der Schöpfung aller Lebewesen; die Sintflut, welche der Sünde den Untergang, dem heiligen Leben einen neuen Anfang brachte; das Rote Meer, welches Israel aus der Knechtschaft Pharaos befreite; der Jordan, wo Jesus mit Heiligem Geist gesalbt und als Gottes Sohn geoffenbart wurde; schließlich die am Kreuz von der Lanze geöffnete Seite Jesu, wo aus Blut und Wasser die Kirche Christi geboren wurde.

s. S. 20 Die *Arche* des Noach und die Taube mit dem Ölzweig im Schnabel bleiben ein beliebtes Motiv. Die Bedeutung der acht Geretteten kennen wir schon. Es werden aber auch „typologisch" Noach mit Christus, die hölzerne Arche mit dem Holz des Kreuzes Christi und mit seiner Kirche, ferner die Taube mit dem Heiligen Geist und die Sintflut überhaupt mit der Taufe verglichen. Ein früher Theologe, Justin, erklärt die Bilder: „So ist Christus der Anfang eines neuen Geschlechtes, das wiedergeboren wird von ihm durch das Wasser und den Glauben und das Holz mit dem Mysterium des Kreuzes... Nach der Sintflut, die gleichsam als eine Taufe der Welt alle Bosheit abwusch, kehrte die Taube mit einem Ölzweig, der noch jetzt unter den Völkern als Zeichen des Friedens gilt, zur Arche zurück und verkündete der Welt Frieden. Genauso ist... die Taube des Heiligen Geistes... auf unser Fleisch herabgestiegen, als es... aus dem Taufbrunnen auftauchte. Sie ist gesendet aus den Himmelshöhen, wo die durch die Arche vorgebildete Kirche ist, um uns den Frieden zu bringen."

Die in der Bibel beschriebene Arche sollte später buchstäblich als Maßstab für die zu erbauenden Kirchen gelten. Wir haben mehrere Quellen, aus denen hervorgeht, daß im Mittelalter Theologen und Bauherren – es waren ja die gleichen Leute – eine genaue Entsprechung der Maßverhältnisse der Arche für ihre Kirchenbauten wünschten.

Doch kehren wir zurück zur Taufe und zu ihren frühen Sinnbildern. Am häufigsten wurde und wird in den Taufkapellen und an den Taufbrunnen gezeigt, wie Jesus im Jordan von Johannes getauft wird. Die Kuppelmosaiken Abb. S. 25 in den Baptisterien von Ravenna zeigen den *Jordan* personifiziert als einen antiken Flußgott mit Schilfrohrzepter. Auf anderen Darstellungen wölben sich die Jordanwogen glockenförmig vor der Gestalt des Messias empor. Dies ist eine typologische Deutung des gestauten Jordans beim Einzug Israels in das Gelobte Land: „Was ist dir, Jordan, daß du zurückweichst?" Die Geisttaube kommt – oft aus der Hand Gottes gesandt – auf Jesus herab, salbt ihn mit Chrisam oder mit Lichtstrahlen zum Messias-Christus. So wird auch nach der Taufe der Katechumene durch die Chrisamsalbung mit der Kraft des Heiligen Geistes ausgestattet. Die Ostkirche spricht jetzt noch vom Taufwasser als vom Heiligen Jordan.

Eine weitere, von der Ostkirche beeinflußte Darstellung, zeigen uns ebenfalls die Kuppelmosaiken der ravennatischen Baptisterien: einen schön gepolsterten, jedoch leeren Thron. Es ist die sogenannte *Hetoima-*

Blick in die Kuppel des Baptisteriums der Arianer, erbaut zwischen 493 und 526, Ravenna.

Abb. S. 25 *sia* oder Etimasie, der Himmelsthron für den Gottessohn Christus. In der Antike galt ein leerer oder mit Kaisersymbolen besetzter Thron als Zeichen für die unsichtbare Anwesenheit des Kaisers in seinen Provinzen. Mit dem Kreuz und dem Schweißtuch auf dem Kissen, mit dem Christus-Monogramm oder mit dem Christus-Lamm, mit dem Evangelien-Buch, bzw. der Evangelien-Rolle, oder mit dem Diadem bezeugt der Thron jetzt die Anwesenheit des Herrschers Christus in der Weltzeit und in der Ewigkeit. Noch heute wird bei den Konzilssitzungen in feierlichem Ritus die Bibel inthronisiert. Der Logos-Christus führt den Vorsitz.

Abb. S. 19 Das sogenannte *Baptisterium der Orthodoxen in Ravenna* zeigt eine gewisse Zusammenfassung der frühchristlichen Taufsinnbilder. Die „Orthodoxen" waren damals die katholischen Römer im Gegensatz zu den neuen Herren, den arianischen Goten. Erbaut hat dieses Taufhaus ihr Bischof Neon in den Jahren 449-458. Der Mosaikschmuck ist ziemlich vollständig erhalten, während die Piscina, das vertiefte Taufbecken, aufgefüllt und verändert ist. Schon der Name ist bezeichnend: San Giovanni in fonte – Zum heiligen Johannes – gemeint ist der Täufer – am Quell.

s. S. 20 Der Zentralraum ist achteckig konzipiert. Die Kuppel ruht auf acht Halbkreisbögen. In diesem Haus geschieht die Wandlung der vorläufigen Existenz in die ewige, erhält der irdische Mensch das Anrecht der himmlischen Bürgerschaft. Die Kuppel ist das Zeichen für den Himmel. Auf dem Mosaikbild in ihrem Scheitel öffnet sich der Himmel. Die Hand Gottes sendet seinen Geist in die Welt; zuerst auf Christus, der bis zu den Hüften – wie der Täufling auch – im Wasser steht. Daneben ruht wie ein antiker Flußgott der Jordan. Christus wird zum Messias gesalbt, der Täufling zu einem Christen. Wie Christus als der geliebte Sohn Gottes geoffenbart wird, werden die Getauften als „Söhne Gottes und Erben" anerkannt. Die zwölf Apostel sind die ersten und höchsten Repräsentanten des neuen Volkes Gottes. Auf verhüllten Händen tragen sie goldene Kronen. Im nächsten Rund unterhalb sehen wir die Architektur der aus Gold und Edelsteinen erbauten Gottesstadt, deren
s. S. 65f. Mitbürger die Getauften sind. Je drei Nischen bilden acht Einheiten. Viermal sehen wir auf einem altarähnlichen Tisch aufgeschlagene Bücher. Allen vier Windrichtungen gilt das Evangelium. Und viermal steht die Hetoimasia, der mit dem Kreuz auf purpurnem Kissen bereitete Thron. Christus ist der Herr des ganzen Kosmos. Aus allen vier Enden der Welt wird er die Seinen heimholen, die er in der Taufe zu Königen und Priestern macht. Im Kreis der Fenster und der Bögen bezeichnen Pflanzenranken und Pfauen das himmlische Paradies. Auch die Tauben erkennen wir wieder und die Hirsche. Die Flachreliefs neben den Fenstern stellen die sechzehn Propheten dar. Auf ihnen und den Aposteln ruht die Gottesstadt. Im Erdgeschoß sehen wir im Rankenwerk acht Heilige, Stellvertreter und „Ziel"-Vorstellung für die Getauften. Das Wesentliche der Tauftheologie erscheint in einem kleinen Raum und in den Formen der spätantiken Kunst.

Das Herrenmahl und seine Sinnbilder in der alten Kirche

Bleiben wir in *Ravenna*. Diese Stadt ist – durch Sümpfe und das Meer geschützt – von den Zerstörungen der Völkerwanderung verschont geblieben. Von den rund fünfzig uns dem Namen nach bekannten Kirchen Ravennas ist ein Drittel mehr oder weniger gut durch die Jahrhunderte erhalten geblieben. Ravenna war als letzte Hauptstadt des Weströmischen Reiches schon kulturell von Byzanz beeinflußt und nach dem Zusammenbruch des Weströmischen Reiches (476) auch politisch von Konstantinopel abhängig. Im Mittelalter und in späterer Zeit war Ravenna eine ziemlich unbedeutende Stadt, ein zweiter Grund, daß manche Kirchengebäude einigermaßen ursprünglich ihre spätantike Gestalt erhalten konnten. Wenn wir – für unser Vorhaben sei es erlaubt – in der Basilika von San Apollinare Nuovo die durch Erdbeben zerstörte Apsis mit der gut erhaltenen von San Apollinare in Classe ergänzen, haben wir die beste Voraussetzung, um das zweite Hauptsakrament, das Herrenmahl, mit seinen Sinnbildern kennenzulernen.

s. S. 19

Wir können uns vorstellen, wie die in Weiß gekleideten Neugetauften mit brennenden Kerzen vom Baptisterium in die Basilika ziehen, wo sie die Gemeinde zur Feier der Eucharistie erwartet. Auch äußerlich gleicht der Zug der „Erleuchteten" der langen Prozession von heiligen Männern und Frauen auf den Mosaiken an den Seitenwänden von *San Apollinaro Nuovo*. Alle sind mit den weißen Kleidern der Zeugen Gottes bekleidet. Rechts kommen die Märtyrer, angeführt vom heiligen Martin, aus dem Palast des Theoderich, um Christus ihre Ehrenkränze zu bringen. Diese Huldigung geschieht genauso wie im Hofzeremoniell, wenn die Senatoren dem Kaiser goldene Kränze darreichen. Die Märtyrerinnen gegenüber tragen die Hoftracht von Byzanz. Sie reihen sich in den Huldigungsgang der Drei Könige zum Christuskind ein, das von der thronenden Gottesmutter getragen wird. Es ist die Wallfahrt der Völker zum Himmlischen Jerusalem, wie sie das Buch Jesaja, Kap. 60, prophetisch sieht. Weiter oben zwischen den Fenstern gesellen sich noch die Propheten, die Apostel und die Evangelisten dazu. Schriftrollen bzw. Bücher weisen sie als Verkünder der Heilsbotschaft aus.

Über den Fenstern werden uns Szenen aus dieser Botschaft gezeigt: links dreizehn Bilder aus den Sonntagsevangelien der damaligen Leseordnung und rechts Bilder aus den Passions- und Ostergeschichten. Leider sind sie in ihren kleinen Formaten viel zu hoch angebracht, um recht betrachtet werden zu können. Den Gläubigen damals genügten sie sicher als Hinweise. Wir müßten sie heute wohl anhand der Bibel identifizieren.

Wie kaum eine andere Kirche zeigt San Apollinare Nuovo die Bedeutung der *Basilika als Weg* zu Gott, als Straße zum himmlischen Thronsaal. Während der Prozession der

Neugetauften in die Basilika sang man Psalm 23: „Der Herr ist mein Hirte ..." Wie in einer Zusammenfassung würden hier die Wegstationen der Täuflinge besungen, meint Gregor von Nyssa: „Christus lehrt die Kirche in diesem Psalm, daß du zuerst ein Schäflein des Guten Hirten werden mußt, die Katechese führt dich zu den Weideplätzen und an die Quellen der Lehre. Durch die Taufe mußt du sodann in seinem Tod begraben werden ... Dann bereitet er dir den sakramentalen Tisch und salbt dich mit dem Öl des Geistes. Zuletzt bringt er den Wein herbei, der das Menschenherz erfreut und nüchterne Trunkenheit erweckt." Sein gleichnamiger Kollege aus Nazianz beschreibt und erklärt in der mystischen Sprache der Ostkirche diese Prozession der Getauften zur Eucharistiefeier: „Ihr seid auf dem Weg zum Altar ... und die Engel schauen auf euch ... Wenn du dich nach der Taufe gleich vor dem großen Thron einfindest, so bedeutet dies die Glorie des Himmels. Der Psalmengesang, mit dem du empfangen wirst, ist das Vorspiel des himmlischen Lobgesanges. Die Kerze in deiner Hand versinnbildet das Mysterium des lichtstrahlenden, himmlischen Hochzeitszuges, in dem wir dem Bräutigam entgegengehen als lichterfüllte, jungfräuliche Seelen, brennende Kerzen des Glaubens tragend."

Die Mosaiken in der Kirche des heiligen Apollinaris am ehemaligen Hafen von Ravenna, *San Apollinare in Classe,* führen uns jetzt weiter in der Abb. S. 33 Deutung der Eucharistiefeier. Inzwischen ist die Prozession am *Triumphbogen* angelangt, der die Grenze zum eigentlichen Thronsaal Gottes markiert, dem Ort für das „himmlische Hochzeitsmahl". Die Bilder von der Stadt Gottes und vom Paradies gehen ineinander über. Auf dem Scheitel des Triumphbogens sehen wir auch eine Prozession ziehen. Aus den Toren der aus Edelsteinen gefügten Städte Betlehem und Jerusalem kommen zwölf Lämmer. Es sind dies die Apostel, die als die ersten des neuen Gottesvolkes zu ihrem Herrn gelangen. Christus ist in dem Medaillon als der „Wiederkommende" durch die Wolken gekennzeichnet.

Er trägt das Buch des Lebens, in das die Namen der Erwählten geschrieben sind. Mit der Rechten segnet er die zu ihm Kommenden. Die vier geflügelten Lebewesen sind durch Bücher als die Evangelisten gekennzeichnet. Wie huldigende Thronassistenten umgeben sie Christus.

Den beiden Städten *Jerusalem und Betlehem* begegnen wir häufiger auf frühchristlichen Darstellungen. Sie bedeuten zusammen die eine Kirche Christi, die aus Juden und Heiden besteht. Jerusalem ist die Stadt des zuerst erwählten Judenvolkes, dem auch Jesus entstammt. Betlehem ist der Ort, wo zum ersten Mal die Vertreter der Heidenvölker, nämlich die Weisen aus dem Morgenland, Christus erkannten und huldigten.

Weiter unten am Triumphbogen hüten die Erzengel *Michael* und *Ga-*

briel den Eingang ins Paradies. In der Uniform byzantinischer Feldherrn und mit den kaiserlichen Christus-Stantarten sind sie zugleich die Thronwächter Christi. Über jedem reckt sich eine mächtige, fruchtbeladene *Palme* empor. Die gehören zur Symbolik des Paradieses. In Altmesopotamien war die Palme als heiliger Baum dem Sonnengott zu eigen. In Ägypten versinnbildete sie unsterbliches Leben. Der Phönix erwartet auf einem Palmenwipfel seine Wiedergeburt aus dem Sonnenfeuer.

Hier am Chorbogen von San Apollinare in Classe könnte auch das sogenannte Allerheiligste des Tempels typologisch gegenwärtig sein. Salomo ließ beim Tempelbau die Türflügel und Wände der eigentlichen Gotteswohnung mit Darstellungen von Kerubim, Palmen und Blüten schmükken. Jetzt wird der Bereich von Altar und Kathedra als das Allerheiligste des himmlischen Tempels verstanden, wo in der „göttlichen Liturgie" die Gläubigen das „Unterpfand der künftigen Herrlichkeit" erlangen, ja in gewissem Sinn schon am ewigen Leben teilhaben.

Leider zeigt uns heute kaum noch eine Basilika die ursprüngliche Lage von Altar und Kathedra (Bischofsstuhl). Das Verständnis der Liturgie hat sich in den späteren Jahrhunderten immer wieder verändert. Dementsprechend wurde dann umgebaut und umgestellt. Ursprünglich hat jede Kirche nur einen Altar und eine Kathedra als Zeichen für die Einheit der Kirche Christi in den vielen Ortsgemeinden. Die *Kathedra* des Bischofs steht an der Stirnwand einige Stufen über der Höhe des Kirchenschiffes im Scheitel der halbkreisförmigen Apsisnische. Hier steht der Bischof der Versammlung vor, und hier leitet er die Verkündigung. Episkopus, „der mit dem Überblick", heißt er in der Kirchensprache. Um ihn herum sitzen – wie im kaiserlichen Senat – auf den halbkreisförmigen Bänken der Apsis die Presbyter, wörtlich die Ältesten, also die Priester. Von daher kommt die noch gebräuchliche Bezeichung *Presbyterium* für diesen vorderen Raum in der Kirche. Exedra (griechisch) und Tribuna (lateinisch) waren damals gebräuchliche Bezeichnungen.

Die Verkündigung der Heiligen Schrift während des Gottesdienstes erfolgt jedoch nicht von der Kathedra aus. Ein in der Regel jugendlicher Vorleser (Lektor) mit kräftiger Stimme ist für diese Aufgabe bestimmt. Er hat seinen Platz näher beim Volk an einem eigenen Lesepult, dem Pulpitum. Etwa ab dem Jahr 500 trägt ein eigens dafür geweihter Diakon die biblischen Texte feierlich von einer erhöhten Kanzel – dem *Ambo* –herab vor. Diese Kanzel ist oft in ein hufeisenförmiges Podium eingefügt, dem Bema (griechisch = Bühne), wo die anderen liturgischen Diener, vor allem die Vorsänger, ihren Platz haben.

Aus diesem Podium werden bald Balustraden, die Cancelli oder Altarschranken, die man mit kostbaren Vorhängen versieht, um den Altarraum als besonders heiligen Bezirk auszugrenzen. Im Mittelalter haben wir bei uns dann den Lettner. Die Ostkirche verbirgt heute noch den Altar mit der Ikonostase, der Bilderwand.

In einigen der alten Kirchen Roms, aber auch anderswo, gibt es zwei Ambonen. Der nördliche ist meist reicher und kostbarer ausgestaltet. Bei ihm steht gewöhnlich auch der Leuchter für die Osterkerze. Von hier aus wird das Evangelium mit den Worten Christi gegen Norden verkündet, weil der Norden als der Ort der Heiden gilt, die noch dem Dunkel des Unglaubens verhaftet sind. Die Predigt oder die Katechese hält dann der Bischof von der Kathedra aus.

Nun folgt in allen Liturgien der damaligen Zeit ein beeindruckender Ritus, den die Ostkirche heute noch übt: Alle Ungetauften und die Büßer werden aufgefordert, die Kirche zu verlassen. Hinter ihnen werden die Türen verschlossen. Auch die Vorhänge zwischen den Säulen zu den Seitengängen zieht man zu. Der Bischof und die anderen Kleriker verlassen ihre Plätze in der Apsis. Sie gehen zum *Altar,* um den sich auch schon die restliche Gemeinde geschart hat. In der ersten Zeit ist der Altar wohl aus Holz, denn er wird herein-
Abb. S. 33 getragen. Aber auch der festinstallierte Altar aus Stein ist verhältnismäßig klein. Die Altartische, wie wir sie in Ravenna auf den Mosaiken mit den Opfern aus dem Alten Bund (San Vitale und San Apollinare in Classe) sehen, zeigen etwa den Altar, wie er damals für die Eucharistie hergerichtet war: mit Tüchern bedeckt, darauf der Henkelkelch und die Brotteller. Jeder Altar, selbst der schlichteste, hat zugleich mehrere Bedeutungen. Zunächst vertritt er den Abendmahlstisch und als solcher zugleich das Kreuz, an dem Christus sich als Erlösungsopfer darbringt. Im Altartisch der katholischen Kirche sind heute noch fünf kleine Kreuze eingemeißelt. Sie versinnbilden die fünf Wunden Jesu, „die Quellen des heilbringenden Blutes". Bei der Weihe salbt der Bischof den Altar mit Chrisam als Hinweis auf Christus, den gesalbten Priester und König. „Beachte . . ., daß wir auch den göttlichen Altar selbst mit diesem kostbaren Myron vollenden . . . Denn dieser ganz und gar göttliche Altar ist unser Herr Jesus Christus . . . Er heiligt sich selbst für uns . . ., und diese Heiligung geht auf uns über", sagt Cyrill von Alexandrien. „Der Altar ist Christus", heißt es heute lapidar bei der römischen Altarweihe. Er ist „der Stein, der von den Bauleuten verworfen wurde, der aber zum Eckstein geworden ist".

Die *Eucharistiefeier der römischen Kirche* ist im Vergleich zur ostkirchlichen Mysterienfeier ein zwar eindrucksvolles, der Gestalt nach aber ein einfaches und übersichtliches Geschehen. Der Liturge feiert – wie seit der Reform des Zweiten Vatikanischen Konzils wieder – die Eucharistie zum Volk gewendet. Synaxis – Versammlung – heißt diese Feier immer noch. Die Gläubigen stehen um den Altar. Als „Circumstantes", „Umstehende", bezeichnet sie das römische Hochgebet. Augustinus sagte, wohl im Blick auf die faszinierenden, berauschenden und erschreckenden heidnischen Mysterienkulte, die christlichen Sakramente seien „einfach, leicht zu feiern, an Zahl wenige, für die Verständigen außerordentlich erhebend", und sie würden mit zurückhaltender Strenge zelebriert.

Diese einfache Festlichkeit atmet auch die übersichtliche Architektur der hell ausgestalteten Basilika. An Festtagen aber wird sie reich geschmückt: Strahlend weiße und leuchtend bunte Seidenvorhänge werden von Säule zu Säule gezogen. Weinranken, Blumengirlanden, duftende Lorbeer- und Myrtenzweige, nicht zu vergessen bei den nächtlichen Gottesdiensten die vielen Lampen mit dem „heiteren Licht", sie gehören zum Eindruck der römischen Liturgie. Und die Predigt ist bei solchen Feiern kein dürrer Katechismus. Ihre Sprache kennt noch die Naturlyrik der Antike.

Hören wir den Mailänder Bischof Ambrosius, wie er in der Osternachtpredigt die Neugetauften zur Eucharistiefeier einlädt:„Ihr seid zum Altar gekommen, habt die Gnade Christi empfangen und die himmlischen Sakramente erlangt. Die Kirche freut sich über die Erlösung der vielen, sie jubelt in geistlicher Freude über ihre weißgekleidete Familie, die sie umgibt. So ist es im Hohenlied zu lesen. In ihrer Freude ruft sie Christus herbei, denn sie hält einen Saal bereit, der eines himmlischen Festmahles würdig ist. Darum sagt sie:‚Mein Liebster komme in seinen Garten und pflücke die Frucht seiner Bäume.' Wer sind die Bäume? Du bist in Adam zum dürren Holz geworden; jetzt aber seid ihr durch Christi Gnade sprossende, fruchtschwere Bäume. Der Herr Jesus nimmt euch mit Freuden an und antwortet seiner Kirche . . . : ‚Ich komme in meinen Garten, meine Schwester Braut, und pflücke meine Myrrhe und meinen Balsam. Genieße mein Brot und meinen Honig, trinke meinen Wein und meine Milch.'"

Die *Liturgie der Ostkirche* hat dieselbe Grundgestalt wie die römische. Aber die Akzente liegen anders: mehr auf dem Himmlischen als auf dem Irdischen, mehr auf dem Göttlichen als auf dem Menschlichen. Größte Feierlichkeit bezeichnen Ritus und Sprache. Die Liturgie ist hier ausschließlich Angelegenheit der Kleriker. Es gibt keine „Umstehenden" nahe beim Altar. Das heilige Geschehen wird auf seinem Höhepunkt durch Tücher den Blicken des Volkes entzogen. Wie kann auch der irdische Mensch dieses eigentlich himmlische Geschehen recht vollziehen? Dazu bedarf es Vermittler, am besten der Engel selbst.

Dazu Theodor von Mopsvestia:„Jedesmal, wenn wir die Liturgie dieses schauererregenden (= wörtlich frierendmachenden) Opfers begehen, die offenkundig ein Gleichbild himmlischer Wirklichkeiten ist . . ., müssen wir uns gegenwärtig halten, daß wir gleichsam im Himmel sind. Der Glaube entwirft uns die geistige Schau der himmlischen Wirklichkeiten, und wir erkennen, daß der Christus im Himmel, der für uns starb, auferstand und zum Himmel aufstieg, noch jetzt unter diesen Gestalten (gemeint sind Brot und Wein) geopfert wird." Die Teilnahme an der Liturgie des Himmels findet seinen unmittelbaren Ausdruck im Gesang des Trishagion, des dreimal Heilig der Engel. „Denn im Gedanken an die Serafim, die Jesaja im Heiligen Geist den Thron Gottes umstehen und sprechen sah: ‚Heilig, heilig, heilig ist Gott, der Herr der Heerscharen', singen wir diesen Lobpreis Gottes, um mit den überirdischen Heerscharen am Lobeshymnus teilzuhaben", sagt Cyrill von Jerusalem. Die Standarten, sie heißen auch Labarien, der beiden Erzengel an dem Triumphbogen von San Apollinare in Classe bei Ravenna, tragen griechische Inschriften, eben dieses Trishagion, die ersten drei Worte des Hymnus: „Heilig – heilig – heilig". Aber nicht nur im Gesang wird die Engelsliturgie des Himmels jetzt in die Basilika hereingeholt. Die agierenden Diakone, welche die heiligen Gaben bereiten und begleiten, sind die sichtbaren Repräsentanten der Engel, die unsichtbar bei der „göttlichen" Liturgie mitwirken.

Lassen wir uns abschließend von Theodor von Mopsvestia, einem Theologen der alten Ostkirche, die Bedeutung dieser noch heute so gefeierten Liturgie nahebringen: „Wenn also die Opfergabe zur Darbringung aus den heiligen Gefäßen herausgenommen wird, so denke daran, daß Christus . . . zu seinem Leiden hinausgeführt wird . . . Wenn die Diakone das zerteilte Abendmahlsbrot hereintragen, so sieh darin ein Bild der dienenden Mächte (gemeint sind die Engel) . . . Haben sie also die Opfergaben hereingebracht, so legen sie diese auf den heiligen Altar, damit sich die Passion vollende. So glauben wir, daß Christus auf dem Altar gewissermaßen in eine Art Grab gelegt wird und sein Leiden schon vollendet ist. Deshalb versinnbilden die Tücher, die bestimmte Diakone über den Altar breiten, die Grabtücher, und jene, . . . die sich zu beiden Seiten aufstellen und die Luft über dem heiligen Leib in Bewegung halten, stellen die Engel dar, die während der Dauer der Grabesruhe Christi zu seiner Verehrung bei ihm weilten, bis sie ihn auferstehen sahen."

Was in den Riten der Eucharistiefeier geschieht, das soll nun in einem großen Bild den Gläubigen vor Augen stehen. Dies ist die Aufgabe des sogenannten *Mysterienbildes* in der Apsis der Kirche. Ein eindrucksvolles Beispiel ist das große *Apsismosaik von San Apollinare in Classe* bei Ravenna. Alle Darstellungen, auch die oft als nicht so wichtig erachteten Bilder in den seitlichen unteren Zonen, sind für den Gesamtzusammenhang bedeutsam.

Abb. S. 33

Links sehen wir ein historisches Ereignis der Kirchengemeinde von Ravenna. Kaiser Konstantin IV. Progonatus überbringt mit seinen Brüdern die Zeichen der Autokephalie, d.h. das Privileg einer gewissen Unabhängigkeit von Rom. Am schon verstorbenen Erzbischof Maurus vorbei – er trägt darum schon den Nimbus, den Heiligenschein – werden sie dem damals noch lebenden Bischof Reparatus übergeben. Dieser Rechtsakt ist für die Rechtmäßigkeit der Eucharistiefeier von Bedeutung. Die heilsgeschichtlichen Vorbilder der Eucharistiefeier, die übrigens heute noch der römische Meßkanon nennt, sind gegenüber dargestellt. Um einen mit Brot und Wein gedeckten Altartisch stehen die opfernden Abel, Abraham und Melchisedek. Die Verbindung zwischen dieser typologischen Darstellung und dem damals aktuellen „Historienbild" stellen die vier früheren Bischöfe von Ravenna

Abb. S. 33: Triumphbogen und Apsis der Basilika S. Apollinare, 1. Hälfte 6. Jh., in Classe. „Die Aula Gottes strahlt köstlich in schimmerndem Erz, doch kostbarer scheint in ihr das Licht des Glaubens." (Apsis-Inschrift von S. Cosmas und Damian am Forum Romanum)

her: Severus, Ursus, Ecclesius und Ursinus. Mit dem Evangelium in den ehrfürchtig verhüllten Händen stehen sie als die bewährten Zeugen der Gemeinde von Ravenna vor Augen. Ihren besten Zeugen sehen die Gläubigen auf dem Apsisbild ihrer Kirche selbst, den heiligen Märtyrerbischof Apollinaris. Sein Grab beherbergt ihre Kirche. Mit seinem Blut bezeugt er die Herrlichkeit ihres Glaubens.

Die Verwandlung der Welt ist das Ziel. Eine Vision davon ist die Darstellung der Verklärung Christi in der Apsis. Über der weiten, blaßgrünen Paradieslandschaft strahlt aus dem sternübersäten Himmelsgrund, der Gloriole, ein mit Edelsteinen besetztes Kreuz, die *Crux gemmata*. Es ist das „Zeichen des Menschensohnes", auf das die Hand Gottes aus dem Himmel heraus zeigt. Im Medaillon des Kreuzes sehen wir das Bild Christi. „Das ist mein geliebter Sohn, auf ihn sollt ihr hören!", ruft ja die Stimme Gottes. Links und rechts umgeben Mose und der Prophet Elija das Kreuz. So wie sie ihre Hände halten und wie sich ihr Gewand aufbauscht, kennzeichnet die damalige Kunst sie als Redende. Sie sind im Gespräch mit dem Verklärten „von Angesicht zu Angesicht". Unter ihnen sind drei aufblickende Schafe. Es sind die Apostel Petrus, Jakobus und Johannes. Bald werden sie am Ölberg die Zeugen der Todesangst Jesu sein. Jetzt sind sie die auserwählten Zeugen der Herrlichkeit Christi. Mose und Elija in den weißen Kleidern sind die Zeugen der Gottesherrlichkeit im Alten Bund. Von beiden sagte man, sie seien in die Herrlichkeit des Himmels entrückt. Beide werden in enge Beziehung zum wiederkommenden Messias gebracht. Darum will Petrus jetzt im Laubhüttenbau die nun angebrochene Heilszeit feiern. Die Lichtwolke der Gegenwart Gottes ist auch das Erkennungszeichen des wiederkommenden Herrn, der seine Erwählten sammelt aus allen vier Windrichtungen.

Wir kennen einen frühchristlichen Text, der damals sehr bekannt war und fast wie die Bibel hochgeschätzt wurde, die sogenannte Petrusapokalypse. Dieser Text macht uns verständlich, warum auf dem Mosaik in San Apollinare in Classe die Verklärungsvision im Paradies geschieht. Das Paradies gehört ja zu den Sinnbildern der Taufe. In diesem Text berichtet der s. S. 21 Apostel Petrus von der Verklärung am Tabor: „Und Er (gemeint ist Christus) zeigte uns einen großen, geöffneten Garten, voll von schönen Blumen und gesegneten Früchten, voll von Duft und Wohlgerüchen." Dies ist der Ort, wo die Gerechten aus dem Alten Bund weilen. Dann sagt Christus seine Wiederkunft an: „Dann werde ich meinen Erwählten und Gerechten die Taufe und das Heil geben, um das sie mich gebeten haben, bei dem Gefilde Acherusia, das man nennt: Elysium."

Das Elysium ist nichts anderes als das Paradies. In Gestalt der zwölf Schafe über der Fensterzone kommen jetzt nicht die zwölf Apostel, sondern die erwählten und geretteten Glieder der Kirche von Ravenna. Sie werden geführt von ihrem Gründer und Hirten, dem Märtyrerbischof Apollinaris, der in der altchristlichen Gebetshaltung als der Fürsprecher der Kirche von Ravenna unter dem Gemmenkreuz steht. Die Zwölfzahl der Schafe ist vermutlich ein Hinweis, daß die Gemeinde von Ravenna zu den Hundertvierundvierzigtausend des endzeitlichen Gottesvolkes gehört.

Das Gemmenkreuz im Sternenschild ist wie das kaiserliche Siegeszeichen (Tropaion) durch die vorspringenden, tropfenförmigen Perlen an den Ecken gestaltet: Jesus Christus ist der Sieger, der Herr der Welt und der Geschichte, ihr Anfang und Ende. Er ist das Heil der Welt. Die Inschriften über dem Kreuz, das sich über die vier Windrichtungen erstreckt, lauten oben: Ichthys, d.h. Jesus Christus, der Sohn Gottes und Retter; unten: Salus mundi, d.h. das Heil der Welt; an den Querbalken: Alpha und Omega. Dies sind der erste und der letzte Buchstabe des griechischen Alphabets. Das Kreuz ist von neunundneunzig Sternen umgeben, sicher keine zufällige Zahl. Eine mögliche Deutung wäre die Verdreifachung der Lebensjahre Jesu (3 x 33) und bedeutet dann, daß der irdische Jesus der ewige Christus ist. Neunundneunzig ist auch der Zahlenwert der Buchstaben von „Amen". Cyrill von Jerusalem kennt noch eine andere Deutung. Die Zahl Neunundneunzig beziehe sich auf die Engel. Ursprünglich waren es hundert Engel, die Zahl des Ganzen, der Vollkommenheit. Nun ist der Platz des gefallenen Luzifers frei und seitdem für die Menschheit insgesamt reserviert. Im Gott-Menschen Christus ist sie jetzt schon im Himmel.

Die Verwandlung der Welt, der Übergang vom Tod zum Leben, dies ist das große Thema des christlichen Glaubens. Dies feiern die Christen in ihrer Liturgie. Das ist auch die Botschaft des Mysterienbildes von Ravenna.

Später ist auf den Mysterienbildern in der Apsis der Bezug zu den Mysterien, d.h. zum liturgischen Geschehen, viel abstrakter geworden. Fast ausschließlich thront jetzt Christus als der Allherrscher *(Pantokrator)* auf

Pantokrator, umgeben von anbetenden Erzengeln. Byzantinisches Kuppelmosaik, nach 1143, der Normannenkirche S. Maria dell' Ammiraglio, genannt „Martorana", in Palermo/ Sizilien.

dem Himmelsthron in der Apsis der Kirche. In der westlichen Kirche bleibt dieser Typus des Mysterienbildes, der Pantokrator, bis zum Beginn der Gotik lebendig.

Im Osten gilt heute noch die Vorschrift des Malerbuches vom Berge Athos, das auf eine sehr alte Vorlage zurückgeht: „Wenn du eine Kuppelkirche malen willst, so mache oben in die Trommel einen Kreis (Zeichen der Ewigkeit, des Himmels) und in denselben male Christus, wie er segnet und auf der Brust das Evangelium hält und schreibe diese Inschrift: Jesus Christus, der Pantokrator (der Allherrscher). In dem Sanctuarium inmitten der östlichen Wölbung male die Heiligste, auf einem Thron sitzend und Christus als kleines Kind haltend; und über sie schreibe die Inschrift: Mutter Gottes, erhabener als die Himmel. Zu ihren beiden Seiten male die Erzengel Michael und Gabriel." So macht das Mysterienbild zwar anschaulich, hebt aber die Geschichte durch eine abstrahierende Darstellung ins Überzeitliche. Durch Symbolisierung verweist es auf eine göttliche Wirklichkeit, die als solche selbst nicht darstellbar ist.

Die romanische Kirche als Himmelsburg

In den Wirren der Völkerwanderung (4.–6. Jahrhundert) kam in Westeuropa die römisch geprägte Antike an ihr Ende. Nur im byzantinischen Kaiserreich *Osteuropas* wuchsen Idee und Gestalt der Spätantike ziemlich ungestört weiter. Der Kirchenbau fand hier bald seine bis jetzt noch verbindliche Grundform in der *Kreuzkuppelkirche.* Ihr kreuzförmiger Grundriß und die Kuppel haben sinnbildliche Bedeutung. Mit den vier Schiffen stellt die Kirche die Welt mit ihren vier Himmelsrichtungen dar. Zugleich ist diese Welt geordnet durch das Kreuz Christi, und sie ist mit der Kuppel überwölbt vom Ewigkeitsraum des Himmels. Die Liturgie der Ostkirche s. S. 31f. ist ein „schauervolles Mysterium", wie Johannes Chrysostomus sagt. Nur von den Klerikern wird sie gefeiert; den Blicken des Volkes ist sie verborgen durch Vorhänge und durch eine Bilderwand, die *Ikonostase.* Nach einem erbitterten Theologenstreit, ob heilige Personen oder gar Gott selbst bildlich dargestellt und so verehrt werden dürften, entstand in der Ostkirche ein eigenes Bilderprogramm, dessen Inhalt und Gestaltung heute noch im wesentlichen festgelegte Gültigkeit hat.

In der *Westkirche* blieb im Grunde das Langhaus der *römischen Basi-* s. S. 15ff. *lika* maßgebend, auch wenn es mit Querschiffen, mit mehreren Apsiden, mit Umgängen und Krypten abgewandelt wurde. Dieses Festhalten am römischen Langhaus – im Gegensatz zum östlichen Zentralbau – und die architektonischen Veränderungen und Bereicherungen sind Ausdruck des Abb. S. 39 Kirchenverständnisses im frühen Mittelalter.

Nach der Völkerwanderung gibt Karl der Große (um 742-814) als der Regent des Römischen Reiches Deutscher Nation der Kirche eine neue Richtung. Bewußt greift er die antike Tradition auf und verbindet sie sorgfältig mit Elementen der germanischen Kultur. Die „Erneuerung des Römischen Imperius" war nicht nur sein politisches Programm, sondern gleichzeitig sein theologisches und soziales. So erscheint es auf seinen Kaisermünzen: die Christiana religio. Der christliche Glaube ist das Gesamtprogramm.

Der Kaiser, bzw. König ist der „Gesalbte Gottes", der „Vikar Christi"; er versteht sich als König und Priester zugleich. Seine vornehmste

Aufgabe ist, die Kirche Gottes und die Gläubigen zu beschützen. Der Schutz der Armen und Wehrlosen, die Sorge für Gerechtigkeit und die Wahrung des Friedens sind dem Herrscher von Gott her übertragen. Darum können auch Kleriker an dieser Herrschaft beteiligt sein. Im Fränkischen Reich waren die Bischöfe und Äbte die wichtigsten Stützen für den Kaiser bei der Leitung des „Heiligen Römischen Reiches". Weltliche und geistliche Herrschaft, *Imperium* und *Sacerdotium* sind Teilhabe und Ausübung der *einen* Herrschaft des Königs Christus.

Die Gestaltung des romanischen Kirchenbauwerkes macht solche geschichtsprägende Hintergründe in manchen Beispielen sichtbar, auch wenn spätere Epochen seine ursprüngliche Gestalt meist verändert und vielfach ganz zerstört haben.

Als besonderes *Merkmal der romanischen Kirche* fällt die zwar massige, aber klar geordnete Architektur mit den vielen Türmen auf. An der Westfront, an den Seiten im Osten, über der Vierung lassen breitgebaute Türme die Kirche wie eine schützende Burg erscheinen. Gar nicht so selten mußten solche Kirchenburgen in feindlichen Zeiten diese Funktion
Abb. S. 36 übernehmen. Der Schutz des Pantokrators wird erlebbar. „Herr, meine Stärke, Herr, du mein Fels, meine Burg, mein Retter, mein Gott, meine Feste, in der ich mich berge, mein Schild und sicheres Heil, meine Zuflucht", heißt es in Psalm 18 (vgl. „Majestas Domini", S. 46ff.).

Das Volk muß aber nicht nur vor äußeren, sichtbaren Feinden beschützt werden. Die unsichtbaren bösen Mächte der Finsternis, personifiziert im Teufel und seinem dämonischen Anhang, bedrohen massiv die Gläubigen. Hilflos wären sie ihnen ausgeliefert ohne die anderen Streiter Gottes, die Engel und Heiligen, nicht zu vergessen die noch lebenden Anwälte der Menschen, die asketischen Gottesmänner mit ihrem mächtigen Gebet und ihrer Wunderkraft. Rund um die Uhr wechselten sich die Mönchschöre von Centula im immerwährenden Chorgesang ab. Das war ihr geistlicher Wächterdienst für das Wohl des Volkes. Eine englische Klosterurkunde beschreibt diese Aufgabe: „Der Abt ist mit geistlichen Waffen gerüstet und von einer Truppe Mönche unterstützt, die mit dem Tau der göttlichen Gnade gesalbt sind. Sie kämpfen gemeinsam in der Stärke Christi mit dem Schwert des Geistes gegen die böse List des Teufels. Sie verteidigen den König und den Klerus des Königreiches vor den Angriffen der unsichtbaren Feinde."

Holzmodell des ursprünglichen Außenbaus von St. Michael in Hildesheim (vollendet 1033).

„Umgib diese Stadt mit deinem Schutz, o Herr. Und deine Engel mögen ihre Mauern bewachen." (Bauinschrift in Corvey, um 885)

Der romanische Kirchenbau macht den Schutz des Volkes vor den sichtbaren und unsichtbar drohenden Gefahren deutlich. Wie schon früher ist die Kirche in der Regel geostet. Das Volk kann sich aus dem gefährlichen Westen, dem Ort der Dämonen, gegen Sonnenaufgang in die Gottesburg flüchten. Hier im *Osten* der Kirche ist auch der mächtige geistliche Patron gegenwärtig in den Reliquien und im Heiligengrab in der Krypta. Die „Orientierung" wurde nicht selten genau auf den Punkt ausgerichtet, wo am Festtag des Kirchenpatrons die Sonne aufging. Hier im Osten der Kirche steht auch der Stuhl des lebenden geistlichen Herrschers, des Bischofs oder Abtes.

Im Osten steht der Altar und über ihm in der Vierung oder in der Apsis blickt der Allherrscher Christus auf sein Volk. Inschriften bezeichnen ihn meist als das Licht, als das Leben.

Die Eingangszone im *Westen* ist besonders mächtig und wehrhaft gestaltet und mit Türmen befestigt. Seit karolingischer Zeit werden eigene, sogenannte *Westwerke* über dem Eingang errichtet. Es sind mehrstöckige, meist von Seitentürmen flankierte Eingangsbauten, nach außen wehrhaft geschlossen, nach innen aber geöffnet. Der untere Raum könnte mit Taufstein bzw. Weihwasserbecken der Taufe gedient haben. In Corvey ist der Altar im Westwerk Johannes dem Täufer geweiht. Im saalartigen Obergeschoß steht der Thronsitz des weltlichen Herrschers. Von hier aus folgt er mit seinem Gefolge dem Gottesdienst am Hauptaltar im Ostchor oder am eigenen Altar dieser Hofkapelle. Bezeichnenderweise sind die Altäre der Westwerke oft dem Salvator Christus geweiht, dem Christus-Heiland. Diesen Titel trägt seit der Antike auch der Kaiser.

Die Ecktürme bergen oft engste Altarräume. Sie sind den Erzengeln Michael und Gabriel geweiht. Es ist unmöglich, daß hier eine Gottesdienstgemeinde Platz hat. Das ist auch gar nicht nötig; denn die dort gefeierte Messe ist nicht das endzeitliche Hochzeitsmahl der Kirche mit ihrem Christus, sondern hat mit Hilfe der Engelsfürsten die andrängenden dämonischen Mächte abzuwehren. Besonders *Michael* ist für die jungen christlichen Germanenstämme der starke Engelsfürst, der für Gottes Reich und Volk kämpft. Seinem Schutz unterstellt sich das christliche Volk samt dem Reichsheer. Alkuin, der Theologe Karls des Großen, bezeichnet Abb. S. 43 Michael als „den Höchsten in der Himmelsburg". Michael hat im Himmel den Kampf über den Teufelsdrachen entschieden. Nun sind die Erde und die Menschen der Kampfplatz zwischen Licht und Dunkel. St. Michael soll auch mithelfen bei der letzten Entscheidung über Leben und Tod. Er geleitet die Verstorbenen in das Paradies. Seit dem 12. Jahrhundert heißt er der „Engel des Weltgerichts" und trägt die Seelenwaage in den Händen.

Im Westen der Kirche liegt unter dem Herrscherthron auch das *Grab des Stifters* der Kirche. So entsprechen einander die beiden architektonischen Pole der romanischen Kirche, das Westwerk und die östliche Vierung mit der Apsis. Der Westen ist der Ort des Regnums, des weltlichen Herrschers, Begründers und Verteidigers der Kirche mit Herrscherthron und Stiftergrab. Der Osten ist der Ort des Sacerdotiums, der Kleriker, mit Altar, Bischofsstuhl und Heiligengrab. Dazwischen ist im Langhaus die Gemeinde versammelt. Als Reichsvolk und Gottesvolk sieht sie sich an Leib und Seele in ihrem Gotteshaus beschützt und geleitet.

Die Tierdarstellungen

Unübersehbar an der romanischen Kirche ist die Überfülle von Tierdarstellungen. Klar ausgebildete und benennbare Tiere erkennen wir. Aber auch vielschichtige, ineinander verschlungene und verknotete Tierwesen Abb. S. 41 und geheimnisvolle Doppel- und Mischwesen breiten sich wie Ornamente an dem Bauwerk aus. Überall begegnen sie, an den Eingangstüren und den Apsiden, den Türmen und Fenstern, den Säulen und Bogenfeldern, an den Kanzeln und Taufbecken, sogar an den liturgischen Geräten. Die verwirrende Vielfalt hat auch die wirrsten Deutungen hervorgebracht. Der Kunsthistoriker Dehio sah in ihnen nur belanglose „Spiele eines phantastischen Humors". Andere machten aus ihnen gewaltsam und ausschließlich Gestalten der germanischen Götterwelt. Andere wollen sie wieder nur tiefenpsychologisch verstanden wissen. Der sparsame Gebrauch von Tierdarstellungen der frühen Kirche und ihre Deutung zeigen den Weg eines Verständnisses auch für die Tierdarstellungen der romanischen Epoche. Quellen, aus denen die Menschen damals die Deutung der Tierdarstellungen schöpften, sind vor allem die Heilige Schrift, ferner die Kirchenväter und das Wissen der zeitgenössischen Naturkunde, das in einem eigenartigen Buch, dem *Physiologus,* gesammelt und tradiert wurde. Dieser „Physiologus" war *das* Naturkundebuch der Spätantike und des Mittelalters. Es umfaßt Erkenntnisse und Verständnisse der antiken Naturwissenschaft, enthält Bruchstücke des Mythos und der Fabelwelt. Vieles wird oft christlich gedeutet und zur moralischen Belehrung dargeboten. Die Scholastik bildet dann später ganze Bestiarien (Tierbücher) aus, die an den Bauplastiken der gotischen Kathedrale ihre Gestaltung finden.

Steinrelief des 12. Jh. vom Portalgewände der ehem. Abteikirche S. Leonardo in Siponte / Apulien. Unten, am äußersten Rand des Weltgefüges (Ornament), frißt ein Löwenmonster mit Drachenschwanz (Teufel) am Lebensbaum und bedroht den Trauben pflückenden Christen.

Für die Bibel sind Tiere keine Gottheiten, sondern wie die Menschen Geschöpfe Gottes, die ihren Herrn loben und preisen. Zugleich aber verwendet die Bibel Tiere als Sinnbilder und Gleichnisse in unterschiedlichem Verständnis. Der *Löwe* kann mit seinem gewaltigen Brüllen den Ruf Gottes meinen (Am 3,8), dann die Herrschaft des gesegneten Juda (Gen 49,9) wie die der feindlichen Könige von Assur und Babylon (Jer 50,17), schließlich den siegreichen Christus (Offb 5,5) wie den teuflischen Abgrund der

Unterwelt (1 Petr 5,8). Man muß also genau hinsehen, in welchem Zusammenhang der literarischen Quellen und an welchem Ort, in welcher Beziehung und Gestaltung am Kirchenbau die Tiere erscheinen. Manches wird uns auch rätselhaft bleiben.

Die Gelehrten des frühen Mittelalters gaben Hilfestellungen, wie die Welt in ihrer vielschichtigen und wandelbaren Erscheinung kritisch, d. h. unterscheidend verstanden werden muß, z. B. in ihrem historischen Sachverhalt *(Historia)*, dann aber auch im heilsgeschichtlichen Zusammenhang *(Allegoria)*, weiter in einem den Menschen persönlich betreffenden Anruf *(Tropologia)* und schließlich in der letztgültigen, der metaphysischen Betrachtungsweise *(Anagogia)*. Bernhard von Clairvaux wetterte nachdrücklich gegen die Tierdarstellungen an und in den Klosterkirchen, sein Kollege Honorius von Autun versuchte eine Rechtfertigung.

Der Mensch mitten im Kampf der guten und bösen Mächte

Überwiegend begegnen uns die *Tierwesen als Bilder des Dämonischen*, d. h. der Gott feindlichen Kräfte, angefangen vom abgefallenen Engel Luzifer (meist als Teufelsdrachen), bis zu den unterschiedlichen Darstellungen der Laster. Der Mensch weiß sich von ihnen bedroht, erfährt sich in das Böse verstrickt. Auf den romanischen Bestienfiguren sieht er sich selbst schon ergriffen und halbverschlungen von den dämonischen Tierwesen. Aber es gibt eine Unterscheidung der Geister, eine Hinordnung der Mächte. Selbst die sogenannten Bestienpfeiler haben eine „untergeordnete" Stellung. Sie werden als tragende Stützen des Gotteshauses in Dienst genommen. Dämonische Tiere sind meist am Rande und in der unteren Zone (Krypta, Sockelzone, Gesimse, Kapitelle), am häufigsten außen an der Kirche angebracht. Solche schrecklichen Tierdarstellungen sollen wirklich schrecken, abschrecken. Sie sollen die andrängenden feindlichen Mächte abwehren (apotropäische Funktion) und zugleich die Gläubigen vor dem Bösen warnen und an die „Scheidung der Geister", an Tod und Gericht erinnern (Gerichtsportale). Letztlich müssen diese dämonischen Mächte dem Göttlichen untertan und dienstbar sein etwa als Trägerfiguren von Taufbecken, als Leuchter, als Griffe von liturgischen Geräten.

Am *Eingang zur Kirche* stehen solche Tierdämonen besonders häufig. Hier an der Schwelle vom profanen zum heiligen Bezirk wurden von den liturgischen Türhütern die „Götzen- und Dämonendiener" zurückgewiesen. Hier war der Platz für die öffentliche Buße der exkommunizierten
Abb. S. 43 Sünder. Hier ist der Ort der Scheidung der Geister. Michael oder ein

Michaels Drachenkampf.
Bronzerelief, 1. Hälfte 12. Jh., vom rechten Türflügel des Westportals der Kirche S. Zeno in Verona.
Der Erzengel Michael steht auf dem Rücken des Höllendrachens und vernichtet ihn mit der (verlorengegangenen) Lanze; ein Sinnbild für den Sieg der Mächte des Lichtes über die Mächte der Finsternis.

„Wann aber hätten die Guten Ruhe, wenn dem Wüten der Bösen niemand wehrte?" (Vita des Erzbischofs Bruno von Köln, 10. Jh.)

christlicher Ritter kämpfen hier gegen den Teufelsdrachen. Hier ist die Grenze zum verlorenen und wiedergeöffneten Paradies. Adam und Eva stehen zuweilen als kleine Figuren im Kampfgetümmel von Löwen und Zentauren. Am Ende wird der ursprüngliche Friede der Schöpfung wiederhergestellt werden.

Darum erscheint das Weltgericht im Bogenfeld über dem Portal Abb. S. 49
(Tympanon) oder innen an der Westwand der Kirche. Oder es wird die Endzeitvision der Offenbarung des Johannes gestaltet: Christus thront als der Sieger über den teuflischen Mächten. Die Engelsmächte und die lobpreisenden vierundzwanzig Ältesten umgeben ihn.

Löwen und Greife sind schon in vorchristlicher Zeit die kämpferischen und gefährlichen Wächter von Heiligtümern, von Lebensbäumen

Türklopfer vom Hauptportal, 12. Jh., der Dompfarrkirche Niedermünster in Regensburg.

und Schätzen gewesen. Jetzt sitzen sie vor der Kirchentüre als schreckliche Wächter. Aber selber haben sie keinen Zutritt zum Gotteshaus, denn die göttliche Weisheit ist an einen Ort gezogen, den „die Raubtiere nie betreten und der Löwe nicht beschreitet" (Rhabanus Maurus). Wenn ein Verfolgter auf der Flucht den Ring des Löwenkopfes ergreifen konnte, der oft an den Kirchenportalen als Türklopfer (s. Abb.) zu sehen ist, dem gewährte die Kirche das *Asylrecht* des Gottesfriedens (Schwabenspiegel).

Wie in der Antike der siegreiche Herrscher mit seinem Fuß auf den unterjochten Feind tritt, so steht der auferstandene Christus auf den überwundenen Todes- und Teufelsmächten, auf dem Löwen und dem Drachen. Als ein neuer Simson reißt er den höllischen Löwenrachen entzwei (Richter 14,5f.: Sinnbild für die Auferstehung Christi).

Zu den *Mischwesen* wie Zentauren (Pferdemenschen als Bilder der Gewalttätigkeit) oder Sirenen (Vogel-Fisch-Frauen zuweilen mit Musikinstrumenten als Sinnbilder der betörenden und zerstörenden Gewalt des triebhaften Sexus) gesellen sich die Kynokephalen (die „Hundsköpfigen"), die Panotier (die „Ganzohrigen", d. h. Menschenwesen mit Riesenohren) oder die Antipoden (mit aus dem Rücken wachsenden Blättern). Diese zuletzt Genannten sind als Grenzbewohner der Erde und als Deformierte Sinnbilder für die Geschöpfe, die noch fern der Schöpfungsordnung Gottes sind.

Bei *Masken* oder Köpfen müssen die einzelnen Züge der Gestaltung oder ihre Stellung im weiteren Zusammenhang der Plastik oder des Bildes beachtet werden. Sie können einfach die Winde bzw. die Himmelsrichtungen bedeuten. Mit flammendem Haar und fletschenden Zähnen sind sie Gestaltungen des Höllenrachens und des Teufels. Die hohle Theatermaske ist ein Zeichen für die täuschende, unheimliche Macht des teuflischen Zaubers. Manche Köpfe könnten auch einfach verstorbene „Arme Seelen" oder Verdammte darstellen.

Die Bedrohung durch die dämonischen Mächte wird oft noch unterstrichen, wenn schlingende Ranken und Blätter von „giftigen" *Pflanzen* den Menschen verwickeln und überwuchern. *Verwickelte oder verknotete Bänder* haben abwehrende, bannende Bedeutung. Das Böse soll sich darin verwickeln und kein Durchkommen haben. Ornamentale, endlose, oft mäanderartige Bänder können Ewigkeit anzeigen, je nach Gestaltung und Zusammenhang den Himmel wie die Hölle.

Der Innenraum der romanischen Kirche

Hat der Gläubige bei seinem Eintritt in die Kirche die dämonische Welt „hinter" sich gelassen, so geleiten ihn jetzt die *Apostel und Propheten* und die anderen Heiligen weiter in die Kirche hinein. Nach der biblischen Allegorese heißen sie „die Säulen der Kirche". Darum sind die Apostel und Propheten selber säulenartig gestaltet und in das Gewände der Portale oder in die Pfeiler und Säulen der Kirche einbezogen. Der Kirchenbau selber zeigt dem Gläubigen, daß er nicht mehr „Fremdling" ist, sondern in der Stadt Gottes „Mitbürger der Heiligen und Hausgenosse Gottes".

Seit der Romanik sind jetzt in der Kirche vermehrt Altäre den Heiligen geweiht. In Gestalt ihrer *Reliquien* sind sie real und im geistlichen Verständnis auch heilwirkend gegenwärtig. Bei der feierlichen Reliquienübertragung werden die Heiligen gebeten, in der ihnen erbauten Stadt Wohnung zu nehmen. Den Hochaltar umstehen in den Seitenapsiden die Altäre der assistierenden Heiligen, sehr häufig die der Apostelfürsten Petrus und Paulus. Wie ein irdischer Herrscher von seinen Vasallen umgeben ist, die mit ihm zusammen für das Volk zu sorgen haben, so erscheint seit dem frühen Mittelalter auch Christus von seinem himmlischen Hofstaat umgeben, von Engeln und Heiligen. Sie stehen als Vermittler nun den hilfesuchenden Menschen näher als der thronende Himmelsherr. Darum ist auch das Grab des Heiligen in der Krypta zugänglich. Die Menschen können sich ihrem Patron nähern, dessen Überreste berühren, um die Segensmacht und die Fürbitte des Heiligen „handgreiflich" zu spüren.

Die *Abfolge der Altäre* in der Mittelachse der Kirche von Westen nach

Osten zeigt den Weg Jesu Christi und ihm nachfolgend und ihn nachahmend auch den Lebensweg des Gläubigen. Zunächst steht am Eingang der Altar Johannes des Täufers mit dem Taufbecken. Dann folgt in der Mitte der Kreuzaltar, der die Passion Jesu vergegenwärtigt. Dort wird auch beim Totengottesdienst der Leichnam des Verstorbenen aufgebahrt. Im Osten steht schließlich der Hauptaltar des auferstandenen Christus. Der Altar in der Krypta ist oft Maria geweiht, denn „aus ihrem Schoß ist Christus emporgestiegen" (Petrus Damianus).

„Schau des himmlischen Friedens"

Das letzte Ziel des christlichen Heilsweges ist der Eingang in die Herrlichkeit Gottes, wie sie in der triumphalen Schlußvision der Apokalypse des s. S. 6 Johannes als *das Himmlische Jerusalem* erscheint (Offb 21). Die großen *Radleuchter,* die sich in einigen Kirchen noch erhalten haben (Aachen, Abb. S. 47 Groß-Comburg), bezeichnen mit ihren Figuren, Lichtern, Edelsteinen und Inschriften diesen östlichen Teil der Kirche als das Himmlische Jerusalem, zu dessen Bürgerschaft auch der Christ als Glied der Kirche Gottes schon gehört. Der Mauerkranz trägt die Lichter (in Aachen acht mal sechs, in Groß-Comburg zwölf mal vier, in Frankreich meistens sechsundneunzig). Zwölf Tore und Türme sind von den Figuren der Apostel, Propheten, Heiligen und Engel besetzt. Das kostbare Gold, die funkelnden Edelsteine steigern das Licht der Kerzen zu einer Vision der Ewigkeit.

Der erhöhte Christus, der Herr der himmlischen und der irdischen Welt, blickt mit großen gesammelten Augen von der Apsiswölbung in den Abb. S. 49 Kirchenraum. Das Bildmotiv der *Majestas Domini* (der „Herrlichkeit des Herrn") zeigt den Allherrscher auf dem himmlischen Thron, umgeben von den vier lebenden Wesen, wie er mit seinem Wort den Kosmos leitet oder am Jüngsten Tag richten wird. Er ist der nie alternde Gott, der Schöpfer und Vollender, das Alpha und Omega, thronend auf dem Globus des Kosmos oder dem Regenbogensegment des Himmels. Die Füße stehen auf der Erde. Er ist umgeben vom Lichtreif (Mandorla) des Göttlichen. Diese Glorie umfaßt ihn von den Hüften bis zum Scheitel und bildet zusammen mit dem Weltallglobus eine Acht (vgl. S. 20), das alte Zeichen der vollkommenen Schöpfung und der unzerstörbaren Ewigkeit. Die rechte Hand Christi zeigt den Segens- oder Redegestus. Das Buch in der Linken ist das Evangelium. „Das Buch ist die Gegenwart Gottes", sagt Rhabanus Maurus. Inschriften bezeichnen den thronenden Christus als das „Licht",

Radleuchter (Kupferblech, vergoldet, Durchmesser 465 cm) in der ehem. Klosterkirche St. Nikolaus Groß-Comburg bei Schwäbisch-Hall, gestiftet von Abt Hartwig († 1140). „Engel bewohnen die Stadt seit jeher und sind die Besitzer. Und der Name der Stadt heißt ‚Schau des himmlischen Friedens'. Ihre Mauer ist stark. Tugenden beherbergen die Türme auf dem festen Felsen des Glaubens. Jeder Glaubende muß sie betrachten im Geiste." (Inschrift eines Radleuchters in Frankreich)

den „Anführer des Lebens", das „Gesetz", die „Wahrheit", oder den „König". Manchmal trägt er in seiner Rechten eine kleine Rundscheibe, die als Globulus, als Reichsapfel den Christus als den Schöpfer, Lenker, Erhalter und Richter der Welt zeigt. Eine andere Deutung könnte auf die verlorene und wiedergefundene Golddrachme (Lk 15,8 f.) verweisen und würde Christus als den Erlöser der Menschheit meinen. Sicher bezeichnet in manchen Darstellungen das kleine Rund die Abendmahlshostie.

Abb. S. 49 *Die vier Lebewesen* sind rautenförmig um den Herrn herum so angeordnet, daß sie das kosmische Viereck bilden. Oben sind Mensch und Adler, unten Stier und Löwe. Meist in eiliger Haltung wenden sie sich mit ihren Blicken zu Christus.

Die Kirchenväter geben den Visionen des Thronenden und der vier Wesen aus dem Alten Testament eine großartige Deutung. Irenäus von Lyon schreibt: „Es kann nur vier Evangelien geben. Da es ja in unserem Kosmos vier Himmelsgegenden gibt und vier Hauptwindrichtungen und weil die Kirche über die ganze Erde ausgebreitet ist; und da die Säule und das Fundament der Kirche das Evangelium ist und der Lebensgeist, hat sie folglich vier Säulen, die überall hin Unsterblichkeit blasen und die Menschen beleben. Daraus ergibt sich deutlich, daß der Architekt des Weltalls, der Logos, der da sitzt auf den Kerubim und alles zusammenhält, nachdem er sich geoffenbart hat, uns Menschen sein Evangelium viergestaltig gegeben hat, das durch *einen* Geist zusammengehalten wird . . . Die vier Kerubim haben vier Gesichter. Und diese Angesichte sind Bilder der Wirkrichtungen des Gottessohnes. Das erste Lebewesen – so sagt die Schrift – gleicht einem Löwen; und das versinnbildet seine Tatkraft, seine Führung und sein Königtum. Das zweite gleicht einem jungen Stier; und das verbildlicht sein Amt als Opferpriester. Das dritte hat ein Menschenantlitz; und das macht seine Erscheinung als Mensch überaus deutlich. Das vierte gleicht einem Adler; und das verdeutlicht, daß die Gabe des Geistes der Kirche zufliegt. Und so stimmen die Evangelien mit jenen Gestalten überein, auf denen Jesus Christus thront."

Die einzelnen Tierwesen werden dann nach Meinung des Hieronymus folgendermaßen zugeordnet: Der *Mensch* gehört zum Matthäus-Evangelium. Sein erstes Kapitel bringt den Stammbaum Jesu. Der *Löwe* gehört zu Markus. Im ersten Kapitel seines Evangeliums wird die Bußpredigt des Vorläufers Jesu mit dem Brüllen des Löwen verglichen. Zum Lukas-Evangelium gehört der *Stier.* Er ist das alttestamentliche Opfertier. Das erste Kapitel beginnt mit dem Opfer des Priesters Zacharias. Der *Adler* bezeichnet das Johannes-Evangelium. Sein Prolog zeigt, daß dieser Evangelist „höher fliegt als die anderen".

Schließlich deutet Gregor der Große die Lebewesen am kürzesten als die Evangelien für Christus: Der Mensch des Matthäus-Evangeliums gilt der Menschwerdung Jesu, der Stier des Lukas-Evangeliums dem Kreuzopfer Jesu, der Löwe des Markus-Evangeliums der Auferstehung Christi und der Adler des Johannes-Evangeliums der Himmelfahrt Christi.

In einigen Kirchen hängen noch monumentale Kreuze aus romanischer Zeit. Im blauen, sternenübersäten Gewölbe tragen Engel das *Triumphkreuz* mit dem lebenden, gekrönten Christus, dem „hehren Himmelskönig, der Könige Mächtigster" (Heliand). „Denn nicht auf dem Leiden des Herrn beruhte die Religion, sondern auf der Verwandlung des Leidens" (Wolfram von den Steinen). Die älteste uns bekannte westliche Darstel-

Majestas Domini: Christus als Weltenrichter zwischen den vier Lebewesen (Evangelisten) thronend: rechts oben Mensch (Matthäus), unten Stier (Lukas); links unten Löwe (Markus), oben Adler (Johannes). Steinrelief eines Bildhauers Friedrich, Mitte 13. Jh., Südportal der Stiftskirche Innichen/ Südtirol.

lung des toten Christus ist das Gerokreuz in Köln, das sich „mitten in der Kirche" befand. Im Haupt Jesu wurde eine geweihte Hostie und ein Kreuzpartikel als Herrenreliquie aufbewahrt. Solche Kreuze dienten also noch nicht der persönlichen Andacht, sondern vergegenwärtigten das Kreuzesopfer Christi wie die Meßfeier selbst.

Bilderpredigt

Zwischen den beiden großen Christusdarstellungen in der Kirche – der Majestas in der Ostapsis und dem wiederkommenden Christus an der Westfront – war an den Wänden und an der Flachdecke ausreichend Platz für Szenen aus der biblischen Geschichte und dem Leben der Heiligen. Leider ist uns davon nur wenig erhalten, so in Hildesheim, dann Müstair und Zillis in Graubünden, in St.-Savin-sur-Gartempe und zu St. Georg in Oberzell auf der Insel Reichenau. Die zahlreicher erhaltenen Malereien in Handschriften können eine Ahnung vermitteln, wie in etwa solche Wandmalereien gestaltet waren.

Oft sind diese biblischen Darstellungen nach einem klaren theologischen Prinzip geordnet. Die erste Zeit der Heilsgeschichte des Weltalters steht *ante legem,* d.h. zeitlich vor dem Gesetz. Dies ist die Zeit seit der Erschaffung der Welt und die Zeit der Patriarchen, wo Gott noch persönlich das Geschick der Welt und der Menschen lenkte. Mit der Übergabe des göttlichen Gesetzes an Mose auf dem Berg Sinai beginnt die Zeitspanne *sub lege,* d.h. unter der Maßgabe dieses mosaischen Gesetzes. Mit der Offenbarung durch Jesus Christus beginnt die letzte Zeit der Heilsgeschichte; sie steht im Zeichen des Evangeliums *sub gratia,* d.h. unter dem Vorzeichen der Gnade. Nicht selten sind diese Bildsequenzen entsprechend ihrer zeitlichen Abfolge auch in der Raumerstreckung der Kirche angeordnet. Sie beginnen am Westeingang mit der Erschaffung der Welt und enden im Osten mit der Himmelsvision aus dem letzten Buch der Bibel, der Offenbarung des Johannes.

Eine „I"-Initiale (In principio) aus einer Handschrift des 12. Jh. (Stuttgart, Württembergische Landesbibliothek, Cod. hist. 2.418, fol. 3r.) zeigt Kreuztypologien.
Links neben dem Kreuz Christi, dargestellt als Weinstock mit zwei Stämmen, steht die Witwe von Sarepta; sie sammelte Holz, als der Prophet Elija ihr begegnete (1 Kön 17,8ff.). Sie gilt als Vorbild der Kirche der Heiden, die das Evangelium annahm; deshalb stellte man Sarepta – ein Sinnbild also der Ecclesia (vgl. S. 74f.) mit dem überkreuzten Holz dar, in dem man das Kreuz Christi vorgebildet sah. Ihr gegenüber verweist ein Bock (das jüdische Opfertier – ein Sinnbild der Synagoge) auf das überwundene Judentum. Darüber sind dargestellt: Mose und die erhöhte Schlange (Num 21,8f.; Joh 3,14), Noach in der Arche (Sinnbild der Errettung aus dem Tod) und schließlich der Sündenfall als Gegenstück zur Kreuzigung. Unterhalb des Gekreuzigten sind als Hinweis auf die Erlösung und Auferstehung die Köpfe von Adam und Eva zu sehen.

Typologie

Die Romanik bildetet wie die christliche Spätantike sogenannte *Typologien* für Christus und das ganze Heilsgeschehen aus. In Ravenna sahen wir die „Präfigurationen", d.h. Vorausdarstellungen des Opfertodes Christi und somit der Meßfeier aus dem Alten Testament: die Opfer von Abel, s. S. 32 Isaak und Melchisedek.

Unter Typologie versteht man, daß ähnliche Bezüge, Geschehnisse oder Personen des Alten Testamentes und Neuen Testamentes so zusammengestellt werden (Concordantia), daß eines das andere deutet und ein neues, ergänzendes und übergreifendes Verständnis vermittelt. Dieses Prinzip der Typologie findet sich schon in der Bibel (z. B. Joh 3,14) und ist seit dem 4. und 5. Jahrhundert geläufig.

Schlangentötender Hirsch als Sinnbild Christi, der den Satan überwindet (vgl. S. 21f.). Der Hund bezieht sich auf die Verfolgung Christi durch die Unwissenden. Steinrelief an der Westseite der Kirche von Monteluco bei Spoleto.

Seit dem 12. Jahrhundert werden einige Typen aus dem Physiologus auf das kirchliche Heilsgeschehen angewendet. Die Prediger weisen an den Hauptfesten zunächst auf das betreffende Ereignis im Leben Jesu hin, dann werden alle passenden Bezüge aus dem Alten Testament genannt und zu guter Letzt aus der Natur. Sie ist nach dem damaligen Verständnis neben der Bibel eine zweite Offenbarungsquelle. Aus all dem zusammen werden in der typologischen Predigt allegorische Vergleiche und symbolische Hinweise zum Festinhalt dargeboten. Lieferant der Natur-Typen war wie gesagt der Physiologus. Einige Motive kehren immer wieder:

Der *Löwe,* der seine totgeborenen Jungen durch Anbrüllen und Lecken zum Leben erweckt, ist ein Sinnbild für die Auferstehung Christi.

Wenn die Augen des *Adlers* im Alter trübe werden, fliegt er in die Sonne, wo seine Flügel verbrennen. Dann taucht er dreimal in eine Quelle reinen Wassers. Verjüngt erhebt

er sich wieder in die Luft. Dann sagt der Physiologus: „So auch du, Jünger Christi, wenn du noch das alte Gewand trägst, suche die geistliche Quelle, das Wort Gottes, und flieg empor in die Höhe der Sonne der Gerechtigkeit Jesu Christi." Ausgehend vom Alten Testament (Ps 103,5: „Dem Adler gleich erneuert sich deine Jugend") wird auf dem Weg über die zeitbedingte Naturbetrachtung dem Gläubigen die im Neuen Testament geschilderte Taufe und Himmelfahrt Jesu erklärt. Schließlich wird ihm für die persönliche Anwendung
s. S. 42 der Weg zur Katechese (Tropologie) und zum Himmel (Anagogie) aufgezeigt.

Der *Pelikan* erweckt am dritten Tag seine toten Jungen zum Leben, indem er sich die Brust aufreißt und sein Blut über die Jungvögel fließen läßt. „Es kam unser Heiland, öffnete seine Seite und vergoß Blut und Wasser zum Heil und zum ewigen Leben", erklärt der Physiologus. Der Kreuzestod Christi und das Abendmahl werden so versinnbildet.

Um solche Darstellungen zu sehen, sollten wir die Schatzkammern der Dome und Klöster, aber auch die Museen und Ausstellungen mit mittelalterlicher Kunst besuchen. Denn die dort gezeigten liturgischen Geräte und Paramente, aber auch die prachtvoll gestalteten Handschriften gehören eigentlich zur Kirche. Und nur in diesem Zusammenhang sind sie als die Träger von Sinnbildern zu verstehen.

Wolfram von den Steinen beschreibt in seinem Buch „Homo Caelestis" (Bern 1965) zusammenfassend das Leitthema der romanischen Bilderwelt:

„Wenn Gott erscheint, wie ist er unter den Menschen? Wenn der Ewige sich verirdischt, damit die Irdischen heilig und ewig werden – wie steht er auf dieser Erde, ein Mensch für jedermanns Augen und zugleich ein Verwandler der Seinen? Darauf wird es ankommen: nicht daß er so war wie unsereiner – was sind wir schon in unserm Unbestand? – sondern daß er unsereinem den Menschen zeigte, wie er ist, daß heißt, wie der Schöpfer ihn meint, und in seinen Getreuen ihre wahre Natur wachrief. Wie das zumal zugegangen war und auch seither immer neu sich ereignete, das erfuhr man am Evangelium.

Wieder geben uns die ottonischen Bilder die entscheidenste Aussage, so gewiß auch die Zeiten davor und danach Großes darüber künden, mit welcher Macht der Gottmensch vor den Menschen stand. Wie von dem Einzigen alles wahre Leben ausstrahlt, das ist um die Jahrtausendwende nicht ein Thema neben andern, sondern das Leitthema der vielen Miniaturen, Elfenbein- und Goldschmiedewerke; um diese Mitte lagert sich nahezu alles, was sonst noch gestaltet wird. Die vielen Bilder des Herrn unter seinen Jüngern, des Herrn in seinem stets sinnsetzenden Leben und Leiden, des Herrn in seinen Wundern und immerfort in seinem Walten vom nahen Himmel her – zunächst mögen sie fremd und unwirklich erscheinen, eine Kunst ohne Beziehung zum Dasein auf der Erde. Hat man aber einmal die Bilder in ihrem Schwerpunkt erfaßt, so werden sie lebendig, und jedes einzelne läßt etwas von dem, was der Mensch ist, aufschimmern."

Die gotische Kirche als Abbild des Universums

Die romanische Kirche zeigt sich als ein burgähnliches Bauwerk, geschaffen zum Schutz der Christenschar und zum Trutz gegen ihre Feinde, die sichtbaren wie die unsichtbaren. Darum gleicht sie dem letztlich unbezwingbaren Zufluchtsort, nämlich der „erhabenen Himmelsburg" (Alkuin). Wenn die Romanik diesen Himmel gemäß der Bibel als das „Himmlische Jerusalem" gestaltet, dann ist es eben wieder eine wehrhafte, fest ummauerte Burg, verteidigt von hochgerüsteten und bewaffneten Turmwächtern, wenn auch diese – durch ihre Flügel gekennzeichnet – als Engel auszumachen sind. In dieser Gestalt hatten die Menschen des unsicheren Frühmittelalters ihren Himmel auf Erden.

Abb. S. 39
Abb. S. 7

Das Thema bleibt auch für die darauffolgenden Zeiten dasselbe: den Himmel auf Erden zu haben, sichtbar, betretbar und handgreiflich in den Kirchen. Die *Vision vom „Himmlischen Jerusalem"*, wie sie vor allem die Johannes-Apokalypse der Bibel beschreibt (Offb 21), ist weiterhin das Leitmotiv für den Kirchenbau. Nun läßt sich diese Vision der Himmelsstadt nicht wie nach einem Bauplan Stein für Stein genau errichten. Aber als thematischer Entwurf, als *Bauprogramm* ist sie maßgebend. Und die verschiedenen Epochen versuchen aus ihrer jeweiligen „Weltanschauung" heraus und mit den jeweils veränderten technischen Möglichkeiten, ihr Gotteshaus danach zu bauen. Der bloße Nutz- und Zweckbau einer Kirche ohne Zeichenhaftigkeit ist das Produkt einer säkularisierten Zeit und einer „entmythologisierenden" Religion.

s. S. 6

Im Hochmittelalter beginnt sich die bis dahin gültige Weltanschauung zu erweitern und zu verändern. Bisher sah man alles und jedes unmittelbar beeinflußt von überirdischen und übermenschlichen Mächten, von guten wie bösen. Das heißt, auch die Naturvorgänge, der Lauf der Gestirne ebenso wie das Wetter, das Gedeihen oder Verderben auf dem Acker, in Haus und Hof konnte man letztlich nur religiös verstehen. Folglich war allem mit Segen und Fluch beizukommen. Mit der „Allmacht des Numinosen" wurde diese Epoche charakterisiert.

Seit dem 12. Jahrundert beginnen die Menschen, die Natur, den Lauf der Dinge, ja selbst Gott mit neuen Augen zu sehen. Man beobachtet genau die Naturvorgänge und stellt ihre Gesetzmäßigkeiten fest. In der Heilkunde macht man kontrollierte Experimente. Die Dinge werden einsichtig und die Vorgänge erklärbar. Erzbischof Anselm von Canterbury († 1109) versucht als erster, selbst Glaubenswahrheiten ohne Bestätigung durch die Autorität der Bibel oder der Kirchenväter allein aufgrund vernünftiger Überlegungen zu erklären.

Es ist die große Zeit der *Kathedralschulen,* der Wiegen der europäischen Universitäten. Das Wissen der Antike, zunächst im Gewande der Neuplatoniker und dann des Aristoteles, fand hier höchstes Interesse. Der heilige Augustinus und Boetius waren christliche Autoritäten genug, um jede Angst vor „heidnischem" Wissen zu nehmen. Manche antiken Schriften wurden neu entdeckt und aus dem Griechischen und Arabischen übersetzt. Es wurde fleißig gesammelt und kommentiert. Die berühmten „Summen" sind Höhepunkte und Kennzeichen dieser wissenschaftlichen Tätigkeit der zurecht so genannten *Scholastik.* Logisches Denken fügt sich zugleich mit einer gläubig-mystischen Schau zu einem Gesamtverständnis der geistigen und der sinnlich wahrnehmbaren Welt zusammen.

Dieser „Zeitgeist" der Frühscholastik läßt nun in Frankreich fast mit einem Schlag die *gotische Kathedrale* entstehen. Stilelemente der Gotik wie Spitzbogen, Kreuzrippengewölbe oder Strebepfeiler hat es schon früher an verschiedenen Orten gegeben. Aber jetzt rücken sie zu einer vollkommenen Architektur zusammen, die in der gotischen Kathedrale durch und durch „Symbol" ist.

Zwei auffallende *Merkmale der Gotik* sind neu und bestimmen die sichtbare Architektur wie deren Sinnbildlichkeit: einmal die schön gegliederte und sichtbar gemachte Struktur der tragenden und verbindenden Bauelemente und dann die Behandlung des Lichtes, die Durchsichtigkeit der Wände.

Abb. S. 55: Rosen- oder Radfenster, darüber die Himmelfahrt Christi.
Ausschnitt aus einem um 1360/65 gezeichneten Aufriß bzw. Entwurf der Westfassade und des Glockengeschosses des Straßburger Münsters.

Von der Bedeutung des Lichtes und der Farben

„Das wahre Licht kam in die Welt" (Joh 1,9)
Die romanischen Kirchen hatten ursprünglich in der Regel nur wenige und dazu kleine Fensteröffnungen im dicken Mauerwerk. Spätere Zeiten haben sie oft vergrößert. Die dünnen Wände der gotischen Kirchen dagegen sind bis ins Gewölbe hinauf mit großen Fenstern durchbrochen. Häufig scheinen das Mauerwerk zusammen mit den Fensterverstrebungen nur die Halterung und der Rahmen dieser riesigen Lichtöffnungen zu sein. Die zwangsläufige Abdunkelung durch die Buntgläser darf uns nicht ver-
s. S. 57f. unsichern. Davon wird später noch die Rede sein.

Abb. S. 55 Diese Durchsichtigkeit der Kirchenwände ist nun nicht allein wegen des ästhetischen Reizes im modernen Sinn entstanden. Sie hat für den damaligen Kirchenbesucher zu allererst eine sinnbildliche, anagogische, d. h. höherführende Bedeutung. Für die Gelehrten des 12. und 13. Jahrhunderts war das Licht die Quelle aller sichtbaren Schönheit, ja selbst das eigentliche Sein hinter allen sichtbaren Erscheinungen. Denn als solches ist ja das Licht unsichtbar. Aber es bringt alle Dinge aus dem Dunkel der Unsichtbarkeit zum Erscheinen, zur Anschaubarkeit, zur Manifestation. Je heller und klarer uns die Dinge erscheinen, je mehr sie Anteil haben am Licht, je näher sie dem Lichte sind, desto mehr lassen sie das eigentliche Wesen des Seins aufscheinen. Der Weg der Erkenntnis geht von der klaren, sichtbaren Schönheit zur Wahrheit des Unsichtbaren, des „transzendenten" Seins.

Für Plato ist das Licht der „Schöpfer der Sichtbarkeit aller sichtbaren Dinge". Augustinus bezeichnet in seiner Erkenntnistheorie das Licht als die geistige Wirklichkeit, die das Universum erschafft und die zugleich den menschlichen Geist erhellt, damit er die Wahrheit erkennen kann. *Illumination,* Erleuchtung, Aufhellung, das heißt Erkenntnis für die damalige Philosophie. Und wieder sehen sich diese christlichen Neuplatoniker durch die Heilige Schrift bestätigt.

Der Prolog des Johannes-Evangeliums bringt den göttlichen Logos, aus dem alles Geschaffene hervorgeht, mit dem Lebensprinzip des Lichtes in Verbindung: „In ihm war das Leben, und das Leben war das Licht der Menschen. Und das Licht leuchtet in der Finsternis, und die Finsternis hat es nicht erfaßt . . . Das wahre Licht, das jeden Menschen erleuchtet, kam in die Welt." Im ersten Johannesbrief heißt es: „Dies ist die Botschaft, die wir von ihm gehört haben und euch verkünden: Gott ist Licht, und Finsternis gibt es nicht in ihm . . . Wenn wir im Licht leben, wie er im Licht ist, dann haben wir Gemeinschaft miteinander" (1 Joh 1,5ff.). Der Höhepunkt der biblischen Lichttheologie ist die Selbstaussage Jesu: „Ich bin das Licht, das in die Welt gekommen ist, damit jeder, der an mich glaubt, nicht in der Finsternis bleibt" (Joh 12,46). In der Weihnachtsliturgie heißt Christus das „neue Licht".

Bernhard von Clairvaux beschreibt die mystische Vereinigung der Seele mit Gott als das „Eintauchen in das unendliche Meer ewigen Lichtes und leuchtender Ewigkeit". Seit der Mitte des 13. Jahrhunderts wurde am Schluß jeder Messe gegen Norden zu der Prolog des Johannes-Evangeliums verlesen. Der Finsternis wird die Botschaft vom Licht verkündet.

„Die Stadt ist aus reinem Gold, wie aus reinem Glas" (Offb 21,18)

s. S. 6

Wenn die zum Gottesdienst versammelte Gemeinde sieht, wie das Tageslicht durch die großen Fenster in die Kirche flutet, und die Gläubigen erleben, wie sie so selber im Lichte stehen, dann sollen sie mit ihren leiblichen Sinnen Christus als das Licht der Welt wahrnehmen. Diese uns etwas sonderbar erscheinende Spekulation gehörte ausdrücklich in das Baukonzept der gotischen Bauherren.

Folgen wir dem Abt *Suger von St.-Denis* bei Paris: Er hat den Neubau und vor allem die geistliche Bedeutung seiner Abteikirche, der „Geburtskathedrale der Gotik", genau beschrieben. Suger läßt den neuen Chorumgang mit den doppelfenstrigen Chorkapellen als eine einheitliche Architektur errichten, so daß, wie er sagt, „das Heiligtum insgesamt von einem wunderbaren, ununterbrochenen Licht erleuchtet wird, das durch die überaus heiligen Fensterscheiben dringt und das Innere mit Schönheit erfüllt". Er läßt sogar im alten Mittelschiff hohe Fenster einbrechen, um es dem hellen Chor anzupassen, obwohl der Legende nach Christus selbst diesen Bau geweiht haben soll. Wie zur Rechtfertigung sagt der Abt: „Denn hell strahlt, was sich in Helligkeit mit Hellem verbindet. Und hell strahlt der edle Bau, weil ihn das neue Licht durchflutet." Mit dem neuen Licht ist Christus gemeint.

Ein doppelter Irrtum der Geschichte hat hier in St.-Denis sicher den Lichtcharakter der Gotik mit begründet. In St.-Denis liegt der französische Nationalpatron, der heilige Dionysius, begraben. Man war nun der falschen Meinung, dieser Apostel Frankreichs sei identisch mit einem syrischen Theologen des 5. Jahrhunderts, auch einem Dionysius, dessen Schriften damals hoch im Kurs standen und von denen das Kloster eine ziemlich neue Übersetzung samt Kommentar besaß. Diesen Syrer hielt man wiederum für den aus der Apostelgeschichte (17,34) bekannten Paulusschüler Dionysius vom Areopag. Darum galten die Schriften des heute sogenannten „Pseudo-Areopagiten" als vom Völkerapostel selbst autorisiert. Sie sagen – vereinfacht ausgedrückt –, daß alles Geschaffene insofern existiert, als es teil hat am „Licht der Welt", dem Sohn Gottes.

Die Ausführungen des Abtes Suger zeigen, wie sehr die Lichtmystik des falschen Kirchenpartons die Gestaltung der Kirche von St.-Denis beeinflußte. Auf die vergoldete (!) Bronzetür ließ Suger schreiben: „. . . Das edle (Bau-) Werk leuchtet. Aber dieses edel leuchtende Werk möge unseren Geist erhellen, damit er durch wahre Lichter zum wahren Licht gelange, zu welchem Christus die wahre Türe ist. . . Der schwache Geist erhebt sich zur Wahrheit durch die materiellen Dinge. Und der Sinn, der vorher tief unten war, steht neu auf, weil er dieses Licht gesehen hat." Dieses „erhebende" Erlebnis haben wir heute noch, wenn wir, fasziniert von der Farbenglut der Glasmalereien, vor den Fenstern der gotischen Kirchen stehenbleiben und nur schauen, auch wenn wir die Einzelheiten der Darstellungen gar nicht ausmachen wollen – aber auch nicht „entziffern" können, weil sie viel zu klein in großer Höhe gemalt sind. Aber das braucht es gar nicht, meint der Abt Suger. Durch die „mit heiligen Symbolen bekleideten Glasscheiben" würden die Gläubigen vom Lichtglanz Gottes selbst erhellt. Die gemalten heiligen Darstellungen würden sich auf diese Weise gewissermaßen dem Betrachter ein-bilden. Der berühmte Zeitgenosse unseres Abtes, Hugo von St. Victor, beschreibt die technische Aufgabe und „Seelsorgefunktion" der Fenster kurz und bündig: „Die Kirche hat Glasfenster, geistliche Sinnesorgane. Durch sie hindurch wird sie (die Kirche) vom Strahl der Sonne erhellt und zugleich von der Blindheit ihrer Unwissenheit befreit."

„Kostbare Edelsteine sind alle deine Mauern"
In den Farben der Glasfenster sahen die Zeitgenossen die funkelnde s. S. 6 Pracht der Edelsteinmauern des „Himmlischen Jerusalems" in ihren Kirchen gegenwärtig. Im übrigen war damals das Buntglas ähnlich teuer wie Edelgestein. Suger berichtet, daß bei der Grundsteinlegung des Chores tatsächlich auch Gemmen und Edelsteine in die Grundmauern eingelassen worden sind, während die Mönche die Antiphon sangen: „Kostbare Edelsteine sind alle deine Mauern."

Solche „Himmelsträume" aus Edelsteinen kann man heute noch erleben, u. a. in der Wenzelskapelle des Prager Domes und in den Kapellen der Burg Karlstein in der näheren Umgebung von Prag. Sulpiz Boisserée, der in der Zeit der deutschen Romantik den Weiterbau des Kölner Domes maßgeblich betrieben hat, beschrieb einem Freund die Heiligkreuzkapelle auf Burg Karlstein. In ihr wurden die Reichskleinodien aufbewahrt. „Du siehst ganze Wände von großen, bunten Edelsteinplatten, in goldenen Mörtel eingelassen, goldene, mit Edelsteinen besetzte Gewölbe, dazu eine Menge Gemälde . . . fast aller bedeutenden Heiligen des Christenthums. Selbst die Fenster waren von bunten Steinen, leider sind aber nur einige handbreite Stücke übrig, lauter Amethyste und Berille, wie eine Nuß groß und kleiner. Alles in vergoldetem Blei gefaßt."

In der Wenzelskapelle zählte man 1345 Edelsteine, sieben bis vierzehn Millimeter stark und bis zu fast einem dreiviertel Quadratmeter groß: Karneole, Amethyste, Kalzedone, Jaspisse und Chrysoprase. Die Fenster der Karlsteiner Kreuzkapelle waren aus Topasen und Bergkristallen geschliffen. Das Gewölbe bildet mit seinen kaum zu zählenden Kristallsternen samt Sonne und Mond – alle in Gold gefaßt – das Firmament. Die Bilder zeigen die neun Chöre der Engel, die vier Wesen und die vierundzwanzig Ältesten aus der Offenbarung des Johannes. Der Sinn ist eindeutig: Der irdische Mensch wird hier hineingenommen in den Himmel. Die Hinfälligkeit des Lebens, Leid und Tod sind durchlichtet, verklärt: Die großen Edelsteine an den Wänden bilden die Crux gemmata, das Siegeskreuz des Auferstandenen.

Diese unvorstellbare Fülle von Edelsteinen ist aber nicht bloß wegen ihres Lichtes und des materiellen Wertes als Zeichen des Überirdischen versammelt. Seit der Antike schrieb man den Edelsteinen besondere Eigenschaften zu, heilende Kräfte und abwehrende Macht. Man glaubte, sie vermittelten den Besitzern besondere Fähigkeiten und Tugenden und verhülfen durchaus auch zu materiellem Reichtum. Am bedeutendsten war dem Mittelalter aber das Wissen um den spirituellen Sinn der Steine. Sie stammen aus der Tiefe der Erde und bergen in sich das Licht des Himmels.

Der Abt Suger beschreibt, wie die Betrachtung der Edelsteine und der farbigen Glasfenster ihn zum geistlichen Licht hinüberführt: „Als – entsprungen aus meinem Entzücken über die Schönheit des Gotteshauses – die Lieblichkeit der vielen farbigen Steine mich von den äußeren Sorgen weggerufen und innige Meditation mich bewogen hatte, die Verschiedenheiten der heiligen Tugenden (!) zu bedenken, indem ich das, was materiell ist, auf das Nichtmaterielle übertrug, da schien es mir, als sähe ich mich in einer seltsamen Region des Kosmos verweilen, die weder ganz im Schlamm der Erde existiert noch in der Reinheit des Himmels; und daß ich dank der Gnade Gottes von dieser niedrigen in jene höhere Welt hinübergeführt und versetzt werden kann."

Auch am Außenbau ihrer Kirchen sollten die Gläubigen das „Himmlische Jerusalem" erkennen. Die Türme um den Chor der Kathedrale von Reims waren teilweise vergoldet, ebenso die Wächterengel auf den Stützmauern (vgl. Offb 21,12). Viele Architekturen waren bunt gefaßt, wie „mit edlen Steinen aller Art geschmückt" (Offb 21,19). An den Eingangszonen und s. S. 6

den Portalfiguren können wir noch manchmal Spuren der ursprünglichen Bemalung erkennen (z. B. Freiburg i. Br.). Das 19. Jahrhundert hat aus historischem Interesse heraus solche Bemalung zu erneuern versucht. Limburg an der Lahn zeigt heute eine ungewohnte Farbigkeit.

„Mein Geliebter ist weiß und rot" (Hoheslied 5,10)
Es ist wohl überflüssig, eigens zu betonen, daß im Mittelalter auch die Farben sinnbildlich verstanden und verwendet wurden. Eine eigene Farbensymbolik hier zu bringen, ist unmöglich. Gerade im Zusammenhang mit der Edelsteinallegorese wird immer noch geforscht. Die Bücher darüber mehren sich. Aber ein paar fast unzulässig kurze bis verkürzte Hinweise seien dennoch gegeben.

Weiß ist das ungebrochene, göttliche Licht. In ihm sind alle Farben aufgehoben. Ungetrübte Reinheit, unbedingte Wahrheit, wie sie Gott zu eigen ist, zeigen die weißen Kleider des verklärten Christus wie die der Seligen.

Gold hat ähnliche Bedeutung. Es ist das Strahlen des göttlichen Lichtes, Zeichen der Majestät Gottes, der Ewigkeit, die Farbe des Heiligen Geistes. Es ist auch Zeichen des Auferstandenen, der neuen Sonne. Darum trägt er häufig einen feuerroten Mantel. Wenn Christus mit der Sonne und ihrem Gold verglichen wird, gehört zu Maria der silberne Mond. Golden ist oft der Hintergrund der Gemälde: Was hier geschieht, ist nur im Bezug mit Gott zu verstehen. Es sind „heilige" Geschichten dargestellt.

Rot, eigentlich purpurrot – die antike Kaiserfarbe – ist der Mantel Gottvaters. Das Mittelalter sieht darin die Liebe des Schöpfers und die Liebe des Vaters, der den Menschen seinen Sohn schenkt. Rot ist auch die Farbe der Blut-Zeugen, der Märtyrer, und auch der Serafim.

Blau, die Farbe des Firmamentes, bedeutet schon im Alten Testament die Offenbarung Gottes, das Gesetz. Die Priester trugen blaue Kleider. Mit blauen Tüchern waren die Kultgeräte im Tempel umhüllt. Christus ist die Offenbarung Gottes in Person. Darum trägt er seit dem Hochmittelalter meistens einen blauen Mantel über dem roten Untergewand. Maria trägt Jesus, den Offenbarer Gottes. Sie bewahrt sein Wort. Mit Vorliebe zeigen die oberrheinischen Maler darum die Gottesmutter in blauen Kleidern. Oft trägt sie die gleichen Farben wie Jesus: blau über rot. Blau ist auch die Farbe der Kerubim.

Grün bedeutet neues Leben, Wachstum. Grün wird es, wo sich der

Mensch von der Offenbarung Gottes ergreifen läßt, wo der Geist Gottes die Welt verwandelt. Grün ist die Farbe der Erwählten und Glaubenden (Jakobus, der Evangelist Johannes). Auf Darstellungen des Abendmahles und der Verkündigung erscheint oft diese Paradiesfarbe.

Braun ist die Farbe des vergehenden Lebens, der Trauer, der Buße und der Sündenabkehr.

Gelb ist, wenn es nicht als Ersatzfarbe für Gold verwendet wird, das Kennzeichen des Bösen (Judas, Dirnen).

Die Farben des *Regenbogens* sind Brechungen des reinweißen Lichtes und gelten darum als die Farben des Schöpfers bzw. der Schöpfung und der Bundestreue Gottes zur Schöpfung. Die Vierfarbenpalette des Regenbogens Blau-Rot-Grün-Gelb finden wir – auch als Hinweise für die Himmelssphären – an der Mandorla und in den Darstellungen des Siebentagewerks.

Viel wird über die Bedeutung der *Rosen- oder Radfenster* gerätselt. Die Abb. S. 55 Bautechniker bestaunen sie heute noch als technische Wunderwerke. Ihre Statik sei höchst gewagt. Am meisten bewundern sie, wie so riesige Glasflächen von nur zwei bis fünf Millimeter Stärke mit Hilfe eines zierlichen, raffinierten Strebesystems noch heute dem starken Winddruck standhalten. Das Radfenster über dem südlichen Querschiff von Notre-Dame in Paris (um 1250) hat den Durchmesser von dreizehn Metern. Die uns bekannten Quellen aus dem Mittelalter geben über die geistliche, sinnbildliche Bedeutung dieser auffälligen Fenster keine Auskunft. Moderne Interpreten versuchen über die Rundform und die Farbgebung des Maßwerkes (gold und rot) eine Deutung. Als Abbild der Sonne seien sie Hinweise für Christus. Es gibt aber auch Fensterrosen mit Maria im Zentrum. Sicher sahen die Menschen damals im zwölffach geteilten Radfenster das Ordnungsgefüge des Kosmos.

Bis ins Spätmittelalter verstand man das Licht, das hell durch das Glas scheint, als „lumen de lumine", Licht vom ewigen Licht, als den von Gottvater gesandten Christus. Darum erscheint gerade auf Bildern mit der Verkündigung an Maria immer wieder ein Fenster oder ein lichtdurchflutetes Glasgefäß. Bernhard von Clairvaux gibt dazu die Erklärung: „Das Licht, welches Glas durchdringt, ohne es zu zerbrechen, gleicht dem Wort Gottes, dem Licht des Vaters, das durch den Leib der Jungfrau gegangen ist."

Von der symbolischen Bedeutung der Maße

Wir machen uns kaum eine Vorstellung, wie sehr die Mathematik das Gesamtdenken der damaligen Kathedralschulen beherrschte. Augustinus war *die* theologische Autorität schlechthin. Er übernimmt aus der Antike die platonisch-pythagoreische Vorstellung von der „vollkommenen Harmonie" der Welt und verwendet sie in seiner Kosmologie als ein theologisches Erkenntnisprinzip. Demnach ist der ganze Kosmos gemäß bestimmten Zahlenverhältnissen aufgebaut. Er würde sofort wieder ins Chaos zurückfallen, wenn diese Ordnung der mathematischen Proportionen durcheinander geriete. Das griechische Wort *Kosmos* heißt sowohl Ordnung als auch Schmuck. Die geregelte Ordnung als solche ist also schön. Und wer sich an der Schönheit des Kosmos freut, der erkennt den „Glanz der göttlichen Wahrheit"; denn in der Schöpfung offenbart sich Gott selbst. Nach der mittelalterlichen Meinung hat die Kunst genau die Aufgabe, im Glanz des Schönen der sichtbaren Dinge oder der hörbaren Harmonien der Musik die Wahrheit des göttlichen Seins aufleuchten zu lassen. Im Anschluß an die Worte aus dem Weisheitsbuch des Alten Testaments „Du aber hast alles nach Maß, Zahl und Gewicht geordnet" (Weish 11,20) wird nun Gott selber von den Theologen als der „kunstsinnige Architekt" bezeichnet, der die vielfältigen Elemente und Erscheinungen der Welt im harmonischen Zusammenklang als seinen „kosmischen Tempel" baut.

Man meint fast bei diesen Überlegungen, *Plato* selbst zu hören, der in der Kosmologie seines Timaios von den Urelementen des Weltenbaues spricht, „die bereitliegen, durch die Hand des Baumeisters zusammengefügt zu werden. Der Bau entsteht durch Festsetzung der Quantitäten gemäß den vollkommenen geometrischen Proportionen von Quadraten und Würfeln (1:2:4:8 und 1:3:9:27) – denselben Proportionen, die auch die Zusammensetzung der Weltseele bestimmen. Infolge dieser Zusammensetzung ist der Körper der Welt, der aus den vier Urstoffen der Welt besteht und deren Mengen nach den vollkommensten Verhältnissen bemessen und miteinander verbunden sind, in Harmonie und Einklang mit sich selbst und wird daher niemals von Auflösung durch eine innere Disharmonie seiner Teile bedroht sein. Das Bindemittel ist die geometrische Proportion." Soweit Plato.

Darum sind für Augustinus *Musik* und *Architektur* unter den Künsten die zwei Schwestern, die als Kinder der Zahl Echo und Spiegel der ewigen Harmonie sind. Die von Plato zitierten vollkommenen Proportionen klingen auch in den „vollkommenen Akkorden” von Einklang (Prim 1:1), Oktave (1:2), Quinte (2:3), Quarte (3:4) und Terz (4:5).

Die christlichen Platoniker brauchten nur in die Bibel zu schauen, um diese musikalisch-architektonischen Proportionen als von Gott selbst geoffenbarte Maße bestätigt zu sehen. Das heilige Zelt des Mose, der Tempel des Salomo, die Tempel der Visionen des Ezechiel und der Johannesapokalypse sind nach diesen vollkommenen Proportionen gemessen. s. S. 6 Der Tempel Salomos hat eine Länge von 60 Ellen, eine Breite von 20 und eine Höhe von 30 Ellen. Das Allerheiligste ist ein Kubus von 20 x 20 x 20 Ellen. Das Vorheiligtum mißt 40 x 20 x 30 Ellen und das Tor 20 x 10 Ellen.

Der Baumeister der gotischen Kirche ist gehalten, auch in der Praxis gemäß diesen Zahlenverhältnissen zu bauen. Der Kirchenbau selbst vermittelt als Modell die Ordnung, Vollkommenheit und Schönheit der Schöpfung Gottes.

Zwei Beispiele aus Architekturbüchern jener Zeit sollen dieses Architekturprinzip verdeutlichen:

Der französische Architekt und Baumeister Villard de Honnecourt hat uns in seinem zwischen 1230 und 1240 verfaßten Skizzenbuch den Grundriß einer Zisterzienserkirche überliefert (s. Abb.). Das Quadrat des Seitenschiffjoches gibt das Grundmaß an, aus dem alle anderen Proportionen abgeleitet werden. Es sind die der „vollkommenen” Akkorde. Die Gesamtlänge der Kirche steht zur Länge des Querschiffes im Verhältnis der Quinte (2:3). Haupt- und Seitenschiff „klingen” in der Oktave (1:2), ebenso die Länge und Breite des Querschiffes. Der Chor ist nach der Quarte (3:4) geregelt. Die Proportion von Haupt- und Seitenschiff zusammen entspricht der Terz (4:5). Das Quadrat der Vierung, die Herzmitte der Kirche, ergibt den Einklang (1:1), den vollkommensten Akkord. Wohlgemerkt: Die „Weltseele” bei Plato steht in der „vollkommenen” Harmo-

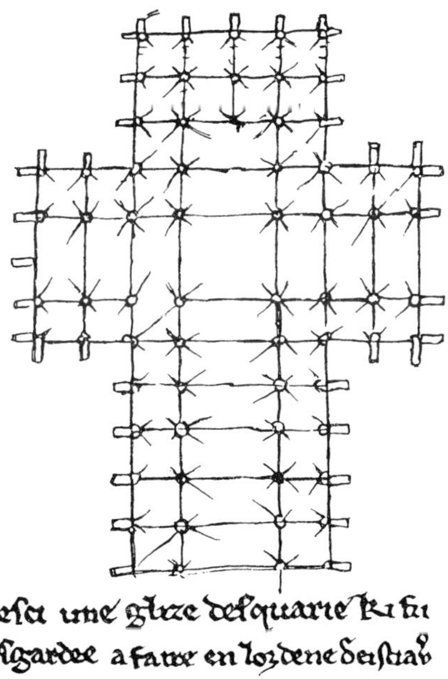

v

nie. Die christlichen Philosophen wiederum sehen in der „Weltseele" den Heiligen Geist, der ja am Anfang der Schöpfung steht.

Ein anderes, uns erhaltenes Musterbuch aus der Spätgotik (1486) stammt vom Regensburger Baumeister Matthäus Roriczer. Unter anderem zeigt er, wie aus einem einzigen Quadrat alle übrigen Maße der Fiale, dem Spitztürmchen über einem Strebepfeiler, abgeleitet sind. Der mittelalterliche Mensch sah gerade in den quadratmäßigen Türmen die alten vier s. S. 78 Kardinaltugenden versinnbildet: das Maß, die Gerechtigkeit, die Tapferkeit und die Klugheit.

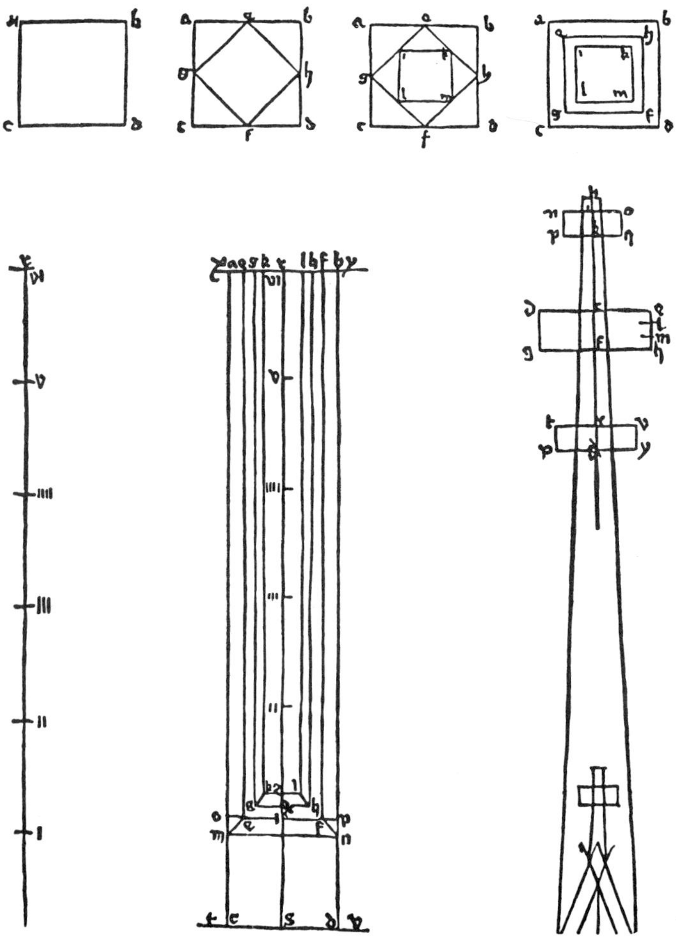

Grundriß und Aufriß einer Fiale. Aus dem „Puechlein der Fialen Gerechtigkeit" des Regensburger Dombaumeisters Matthaeus Roriczer (15. Jh.).

Noch ein Sinnbild der gotischen Kirchenarchitektur sei hier kurz aufgezeigt, auch wenn es mit der Symbolik der Zahl nichts zu tun hat. Nach der Bildersprache des Johannesevangeliums ist Christus selbst durch sein Kreuz und die Auferstehung zum neuen Tempel geworden. Die Menschen des Mittelalters sahen darum im *kreuzförmigen Grundriß* ihrer Kirchen ein Abbild des gekreuzigten Christus. Der Chor wird als Haupt (Caput) und das Schiff als Leib (Venter) bezeichnet. Noch bis ins 15. Jahrhundert sorgt man sich um die Regel, „die Form der Kirche möge den Maßverhältnissen des menschlichen Körpers entsprechen". Vielleicht ist von daher auch zu erklären, warum in manchen Kirchengebäuden der Chor ohne erkennbare statischen Gründe von der Achse des Kirchenschiffes leicht abbiegt. Als Jesus starb, heißt es im Johannesevangelium, neigte er das Haupt und gab den Geist frei. Abb. S. 63

Übrigens hat die Gotik nicht zum erstenmal diese platonisch-pythagoreischen Maße für ihre Kirchenbauten verwendet. Die Vermessungen der Pfalzkapelle Karls des Großen in Aachen und der Michaelskirche zu Hildesheim haben dies gezeigt. Daß aber an der Gliederung der Proportionen auch die Strukturen der Schubkräfte und die technischen Hilfsmittel – etwa die Strebebögen, die Gewölberippen oder die Dienste – als schöne Gestaltung gezeigt werden, ist für die Gotik bezeichnend. Wie schon gesagt: Die sichtbare Schönheit der geordneten Gliederung soll hinüberführen zur Schau und Erkenntnis „des Glanzes der ewigen Wahrheit". Abb. S. 39

Von der Bedeutung der Zahlen

Vier ist das Kennzeichen der Welt. Sie hat ihre vier Himmelsrichtungen. Aus ihnen blasen die vier Hauptwinde; aus den vier Ecken kommen die gefährlichen, die widrigen Winde. Demnach gibt es vier Jahreszeiten und ihre Wirkungen; und so gibt es auch vier Temperamente. Denen entsprechen wieder die vier Elemente. Die Vier bestimmt auch die Kirche als Erscheinungsbild des Kosmos. Es ist hier nicht der Platz, auch nur einigermaßen die Fülle der damaligen Spekulationen und Anspielungen der Zahl Vier aufzuzeigen. Stichworte müssen für die Hauptsache genügen.

Die Vier erscheint im kreuzförmigen Grundriß der Kirche. Die Antike sah schon die Welt durch ein Achsenkreuz gegliedert. Dessen Mitte war „der Nabel der Welt". Nun erkennt man im Kreuz Christi das eigentliche Ordnungsschema der Welt. Abb. S. 63

Nach dem Sündenfall zerstreuten sich die Nachkommen Adams in alle vier Winde. Am Ende des Tausendjährigen Reiches wird Satan ausziehen, „um die Völker aus den vier Ecken der Erde . . . zu verführen und sie zusammenzuholen für den Kampf" (Offb 20,8). Aber am Ende wird „das Zeichen des Menschensohnes am Himmel erscheinen . . . und seine Engel werden die Auserwählten aus allen vier Winden zusammenführen" (Mt 24, 30 f.). Im Kreuzeszeichen des Menschensohnes, des „neuen *Adam*" führt die Kirche die Gläubigen aus der Zerstreuung heim. Einen geheimnisvollen Hinweis entdeckte man in der Zahl der Buchstaben und im griechisch geschriebenen Namen des Adam.

A Anatolä ist der Osten und der Morgen.
D Dysis ist der Westen und der Abend.
A Arktis ist der Norden und die Nacht.
M Mesembria ist der Süden und der Mittag.

Doch damit ist es nicht genug. Die Jahreszeiten werden zugeordnet und zugleich geistlich gedeutet. Aus dem Norden kommt der Winter, „die Zeit eines verirrten Lebens" (Legenda aurea) nach der Vertreibung aus dem Paradies. Der Frühling der erneuerten Heilsgeschichte beginnt mit dem Bundesschluß des Mose und den Verheißungen der Propheten. Der Sommer ist die hohe Zeit des irdischen Lebens Jesu, die „Zeit der Versöhnung". Dann folgt im Herbst, wo die Spreu vom Weizen getrennt wird, die „Zeit der Pilgerschaft" bis zur Wiederkunft Christi. Dies alles sieht man im Grundmuster des Kreuzes und somit auch im Grundriß der Kirche gegenwärtig.

Wie die vier Paradiesesströme aus einer Quelle den Garten Eden fruchtbar machen, so bringen die vier Evangelisten die eine Offenbarung bis zu allen vier Enden der Erde.

Aus den vier Elementen, Erde, Wasser, Luft und Feuer besteht der Makrokosmos Mundus (Welt) wie der Mikrokosmos Homo (Mensch). Nun sind aber, so sagt Durandus, diese vier Elemente im sündigen Menschen verdorben. Durch das vierstrahlige Kreuz werden sie wieder heil. Und damit die Welt auch heil bleibt, soll sich der Mensch um die vier s. S. 78 „Kardinaltugenden" mühen.

Dreifaltig und doch unteilbar ist der eine, „dreimal heilige" Gott. In der Zahl *Drei* sind Anfang, Mitte und Ende geeint, Himmel, Erde und Unterwelt zusammengefaßt. In der göttlichen Drei ist die Ent-Zweiung aufgehoben. Durch die Anrufung der drei göttlichen Namen wird alles gesegnet und dem Fluch des Bösen entzogen. Offen oder versteckt findet sich über die Dreizahl der Hinweis auf Gott, fast überall in der Kirche.

In der *Sieben,* der Summe von Drei und Vier, verbinden sich Himmel und Welt, Gott und die Menschen.

Am siebten Tag ist die Schöpfung vollendet und geheiligt (Gen 2,2). Am siebten Tag erscheint Gott dem Mose (Ex 24,16). Auf sieben Armen trägt der goldene Leuchter im Tempel sieben Flammen. Sieben Augen hat der allwissende Gott (Sach 4,10). Sieben Tage und sieben Wochen sind heilige Zeiten. Wenn der Messias kommt, wird „das Licht der Sonne siebenmal so stark sein wie das Licht von sieben Tagen" (Jes 30,26). Siebenmal selig preist Jesus die Seinen. Mit sieben Broten speist er alle. Und die sieben Körbe zeigen den Überfluß seiner Liebe (Mk 8,5ff.). Sieben Bitten umfaßt sein Vaterunser, sieben Gleichnisse seine Lehre. Sieben Diakone wählt die Urkirche aus. Im Bild der sieben Leuchter stehen die bedrängten Gemeinden der Apokalypse vor Gott, und als die sieben Sterne sind sie in seiner Hand geborgen. Wieder sieben Augen hat das apokalyptische Lamm, das die sieben Siegel der Weltgeschichte zu lösen vermag.

Aber auch der „Affe Gottes", der Satan kennt die Zahl Sieben. Mit seinen sieben Köpfen und sieben Kronen verführt der apokalyptische Teufelsdrachen die Völker. Gefährlich sind die sieben Laster und sieben Todsünden. Ihnen entgegengesetzt sind die sieben Tugenden, die sieben Gaben des Heiligen Geistes und die sieben Säulen der göttlichen s. S. 72f. Weisheit, ferner die sieben Sakramente und die sieben Werke der Barmherzigkeit.

Immer geht es um die Heiligung der Welt und der Menschen, um den Himmel auf Erden in der Kirche und durch die Kirche. Dies geschieht in den sieben Zeiten des Stundengebetes wie in den sieben Stationen der Messe. Vergangenheit, Gegenwart und Zukunft der Menschheitsgeschichte insgesamt wie des einzelnen werden täglich im Gottesdienst der Kirche aktuell, werden zu Heils-Zeiten. In der Messe und im Stundengebet vergegenwärtigte man sich die sieben Stationen der Erlösung Christi und ihre typologischen Vorausdarstellungen aus dem Alten Testament; dazu betrachtete man sein eigenes Leben s. S. 32 mit den sieben Altersphasen von der Geburt bis zum Tod. Zugleich gedachte man der sieben Zeiten der Weltgeschichte.

Eine andere bedeutsame Kombination ergibt die Multiplikation der irdischen Vier mit der göttlichen Drei: *Zwölf* ist die Vollzahl des Gottesvolkes im Alten wie im Neuen Bund.

Die Theologen des Hochmittelalters werden nicht müde, regelrechte Systeme von Zwölfergruppen aus dem Alten Testament und den zwölf Aposteln zu erstellen. Da gibt es als typologischen Hinweis auf die von den Aposteln getragene Kirche die zwölf Söhne Jakobs; dann die zwölf Kundschafter (Dtn 1,23), die sog. zwölf kleinen Propheten, die zwölf Wasserquellen in Elim (Num 33,9) und die zwölf Löwen Salomos.

Wie die zwölf Stiere am „ehernen Meer" (1 Kön 7,25) in Dreiergruppen den vier Himmelsrichtungen zugeordnet sind, so tragen die zwölf Apostel die Botschaft vom dreieinigen Gott in den vier Evangelien bis in die vier Weltenden. Die zwölf Gedenksteine, die in Gilgal nach der Landnahme für die zwölf Stämme Israels gesetzt wurden, und die zwölf Edelsteine an der Kleidung des Hohenpriesters mit den zwölf Namen der Söhne Israels (Ex 28) sind den Theologen deutliche Hinweise auf die Wiederherstellung des Gottesvolkes in der Kirche, erkennbar im „Himmlischen Jerusalem".

s. S. 6f., 46f. Auf seinen zwölf Toren stehen wieder die Namen der zwölf Stämme Israels. Und die zwölf Grundsteine ihrer Edelsteinmauern tragen die Namen der zwölf Apostel des Lammes. Die zweimal zwölf Ältesten (Offb 4,4) repräsentieren die 144000 Besiegelten, 12000 Gerettete also aus jedem einzelnen der zwölf Stämme (Offb 7,4ff.). Die Vollendung des Kosmos zeigt sich im Lebensbaum, der nun zwölfmal im Jahr Früchte trägt, entsprechend den zwölf Tierkreiszeichen des Sternenhimmels. Dies bedeutet auch der Zwölfsternenkranz auf dem Haupt der apokalyptischen Frau (Offb 12,1).

Kehren wir zurück zum Kirchenbau und betrachten wir seine vier Seiten. s. S. 39ff. Die romanische Kirche zeigte uns schon den Weg des Menschen aus dem Reich der Finsternis im Westen zum Reich des Lichtes im Osten.

Die vier Seiten der gotischen Kirche

Die Westseite

Im Westen liegt der Abend der Erdenzeit. Zugleich beginnt dort auch der „Jüngste Tag" der Ewigkeit. Für Himmel oder Hölle wird entschieden. Das ist das Thema des Westeingangs der romanischen wie der gotischen Kirche. Aber wie unterschiedlich sind Gestaltung und auch Sinn! Im roma- s. S. 43 nischen *Gerichtsportal* sieht sich der Mensch mitten im Kampfgetümmel der guten und bösen Mächte. Unberührt von all dem thront darüber der erhabene Weltenherr. Dem verängsteten Menschen erscheint er schier unnahbar.

Der wiederkommende Christus der Gotik ist ein menschlicher, brüderlicher Richter, der selber Versuchung kennt, der Leid und Tod erlitten hat. Er ist der Erbarmer und Erlöser, der dem Eintretenden seine Herzwunde zeigt. Die „Waffen" – so heißen sie auch: Arma –, mit welchen Christus die Welt richtet, sind wie die antiken Triumphzeichen des Sieg feiernden Imperators um den Richter gereiht. Aber es sind die Leidenswerkzeuge, das Kreuz mit Speer und Nägeln, die Dornenkrone und all die anderen Zeichen seiner Passion. Auf diese Weise richtet er die Welt und ihre Menschen. „Amor vincit timorem", sagt Bernhard von Clairvaux, „Liebe besiegt die Furcht".

Vor dem Richterstuhl knien als Fürbitter der Menschen Johannes der Täufer – selten ist es der Apostel – und Maria, als Vertreter des Alten und des Neuen Bundes. Dieses tröstliche Bildmotiv der *Deesis,* d.h. Fürbitte, haben vermutlich Kreuzfahrer aus der Ostkirche zu uns gebracht und in die Gerichtsdarstellungen übertragen. Dem Gerichtsschwert, das nach der Johannesapokalypse aus dem Munde des Wortes Gottes kommt, fügt die Spätgotik die Lilie hinzu, das Zeichen der Begnadigung und Erwählung.

Am Mittelpfosten steht – wie bereit, den Eintretenden zu empfangen – ein menschlich-gütiger Christus. „Ich bin die Tür", sagte Jesus. „Wer durch mich hineingeht, wird gerettet werden" (Joh 10,9). In Frankreich, wo dieser „milde" Christus häufiger an der Kirchentüre steht, nennt man ihn den *Beau Dieu,* den „Schönen Gott". Er hält das Buch des Lebens. Seine Rechte hebt er lehrend und segnend. Er ist der Überwinder des Bösen, „tritt Löwen nieder und Drachen". Damit steht er in deutlichem Zusammenhang mit dem richtenden Christus über ihm im Bogenfeld. Nach antikem Recht sitzt der Richter der Gerechtigkeit beim Urteilsspruch; beim Begnadigungsspruch aber steht er. Tatsächlich war häufig dieser Platz vor dem Kirchenportal auch die Richtstätte für die weltliche Gerichtsbarkeit. Eine Glosse aus dem Sächsischen Weichbildrecht sagt dazu: „Wo immer der Richter richtet, am selben Ort und in

Le „Beau Dieu" (Der „Schöne Gott"). Christusfigur, 13. Jh., am Mittelpfosten des Hauptportals der Kathedrale zu Bourges/Cher.

derselbigen Stunde Gott über dem Richter und den Schöffen zu Gericht sitzt." Wurde die Rechtssprechung im Rathaus oder in einer Gerichtshalle vorgenommen, dann befand sich gewöhnlich über dem Richterstuhl wieder eine Darstellung des Jüngsten Gerichtes. Manchmal sind die von der Obrigkeit für den Handelsverkehr festgesetzten Maße und Gewichte vor den Augen des göttlichen Richters und der Apostelschöffen sichtbar und kontrollierbar in die Wand eingemeißelt (z.B. Freiburg i.Br.).

Eine Predigt des Bernhard von Clairvaux klingt wie eine kommentierende Beschreibung des gotischen Weltenrichters: „Gott der Vater hat dem Sohn die Macht zum Gericht übergeben, nicht weil er sein, sondern weil er der Sohn der Menschen ist . . . Er will, daß von einem Menschen die Menschen gerichtet werden, damit bei dem Zittern und der Verwirrung der Bösen den Erwählten Vertrauen erwächst, wenn sie einen ihnen ähnlichen Richter anblicken . . . Denn der Güte ist zugekommen, was an Majestät verlorengegangen ist."

Auch die Kreuzesdarstellung, die häufig unter dem richtenden Christus als Zentrum des Planes der Heilsgeschichte steht, hat sich vom Christus-König der Romanik zum leidenden und mit den Menschen leidenden Menschensohn gewandelt.

Manchmal steht auch „Unsere Liebe Frau" am Eingang der Kirche. Sie wird „porta coeli", „Tür zum Himmel" genannt. Hat Evas Ungehorsam die Paradiespforten verschlossen, werden sie durch die neue Eva wieder geöffnet. Die Typologie von *Eva* und *Maria* ist im Mittelalter sehr beliebt. Häufig findet sich das umkehrende Wortspiel AVE – EVA. Maria steht vermittelnd an der Grenze von der „alten Zeit", der Zeit vor Christus, zur „neuen Zeit", die mit der Geburt Jesu beginnt.

Die Nordseite

Die linke, unbesonnte Nordseite der Kathedrale ist dem Alten Testament gewidmet. Hier sehen wir, wie Gott die Welt erschafft und das erste Menschenpaar ins Leben ruft. Hier ist auch der Platz für die Patriarchen, Propheten und Könige des Alten Bundes und für die Vorfahren Christi. Auch die heidnischen Sybillen der Antike sind hier versammelt. Sie haben ja die Geburt Christi prophezeit.

In Maria mit dem Jesuskind kommt die Weissagung des Jesaja zur Erfüllung: „Aus dem Baumstumpf Isais (= Jesse, der Vater des Königs David) wächst ein Reis (lat. Virga), ein junger Trieb aus seinen Wurzeln bringt Frucht" (Jes 11,1). – „Seht, die Jungfrau (lat. Virgo) wird ein Kind empfangen, einen Sohn gebären, und sie wird ihm den Namen Immanuel (Gott mit uns) geben" (Jes 7,14). Diese beiden Texte bringen schon die frühen Kirchenväter mit dem Stammbaum Jesu aus dem Anfang des Matthäusevangeliums in Verbindung. Wie aus dem schlafenden Adam die Stamm-Mutter Eva „stammt", so sproßt aus dem schlafenden Jesse der ganze Stammbaum Jesu und an dessen Ende die Jungfrau Maria mit ihrem Kind. Die Darstellung der *Wurzel Jesse* war sehr beliebt. In Stein gehauen Abb. S. 73 oder auf Fensterscheiben gemalt und in Liedern besungen, bezeugt sie den zuverlässigen und ununterbrochenen Heilswillen Gottes vom Alten zum Neuen Bund. In einigen Bildern der Wurzel Jesse sitzen im Geäst des Baumes anstelle der Vorfahren Jesu sieben Tauben wie Blüten oder Früchte. Damit sind die Geistesgaben des Messias gemeint.

Die Südseite

Die besonnte Südseite der Kathedrale ist dem Neuen Testament zugeordnet. Um Christus, die unbesiegte „Sonne der Gerechtigkeit", drängen sich seine Apostel, Märtyrer und Bekenner, die ganze „Wolke" heiliger Männer und Frauen. Gregor der Große sieht in einem Kommentar zur Tempelvision Ezechiels (Ez 40) in der südlichen Stadt die Kirche des Neuen Bundes und „gegensätzlich" in der nördlichen Stadt die Kirche des Alten Bundes: „Wenn es heißt, daß diese Stadt nach Süden liegt, bedeutet dies, daß jene frühere Stadt, die Synagoge, in ihrem Unglauben nach Nor- s. S. 74f. den stand und im Frost ihres Unglaubens verharrte. Jedoch die heilige Ecclesia, die des Glaubens Liebe empfing, wendet sich nach der Wärme südwärts, lehnt sich wie auf den warmen Wind, voll Freude nicht auf sich vertrauend, sondern auf des Geistes Gnadengabe."

Die gleiche typologische Bedeutung von *rechts* nach *links,* bzw. südlich und nördlich hat auch die Zuordnung von *oben* nach *unten.* In den Chorschranken des Bamberger Domes stehen die Propheten im Norden, die Apostel im Süden. Im Gewände des sog. Fürstenportales dieses Domes stehen die Apostel buchstäblich auf den Schultern der darunterstehenden Prophetengestalten. „Links und rechts heißt alt und neu, Zeitlichkeit und Ewigkeit, Verdammnis und Erlösung, Traum und Wachen, Feind und Freund, Diesseits und Jenseits. Links die Synagoge, rechts die Ecclesia, links die alte, rechts die neue Braut. Unten und oben, Norden und Süden,

Stehen und Sitzen, links und rechts sind Zeichen typologischer Beziehung. Sie sprechen für ein orientiertes Auge ohne Wort, gemäß der spirituellen Bedeutung der Befindlichkeit im Raum" (Friedrich Ohly).

Die Ostseite

Durch das Westportal hat der Gläubige die Kirche betreten. Zu beiden Seiten, links und rechts, begleiten ihn die Propheten und Apostel, die Zeugen der Heilsgeschichte aus dem Alten und Neuen Bund. Nun gelangt er im Osten wieder heim ins Paradies. Hier im Hohen Chor der Kathe-
s. S. 6 drale sieht er endlich das „Himmlische Jerusalem" der Johannesapoka-

Abb. S. 73: Der Jessebaum. Buchmalerei, 1. Drittel des 14. Jh., aus einem „Speculum Humanae Salvationis" (Spiegel des menschlichen Heils) des Benediktinerstiftes Kremsmünster/Oberösterreich (Cod. Cremifanensis 243, fol. 55r.).

Aus Jesse, dem Vater Davids, wächst ein Baum, der die Vorfahren Christi, die Geburt Jesu durch Maria, das Kreuz als „Arbor vitae" (= Baum des Lebens) und die sieben Gaben des Heiligen Geistes in typologisch vielfältiger Weise verknüpft. Der Baum ist stilisiert, die Äste umschließen ringartig die Personen. Umschriften ordnen sie in die Heilsgeschichte ein.

Die Eckpunkte des Blattes bilden die vier Evangelistensymbole: links unten der Löwe für Markus, rechts unten der Stier für Lukas, links oben der Adler für Johannes und rechts oben der Mensch für Matthäus (vgl. S. 48f.).

In der Baumkrone erscheinen – als Tauben – die sieben Gaben des Heiligen Geistes. Denn bei Jesaja (11,1f.) heißt es: „Aus dem Baumstumpf Isais (Jesses) wächst ein Reis hervor, ein junger Trieb aus seinen Wurzeln bringt Frucht. Der Geist des Herrn läßt sich nieder auf ihm: der Geist der Weisheit, der Einsicht, des Rates, der Stärke, der Erkenntnis, der Frömmigkeit und der Gottesfurcht." Dieser siebenfache Geist umgibt den erhöhten Christus mit den Schlüsseln der Hölle und des Todes (Offb 1,18) und dem Evangelium, veranschaulicht durch vier Bücher. Links von Christus Petrus und eine Personifizierung der Sonne, rechts von Christus Paulus und eine Personifizierung der Finsternis.

Aus Jesse wachsen heraus: untere Reihe links David und Jesaja, rechts Salomo und Ezechiel; mittlere Reihe Maria mit dem Jesuskind, links davon Habakuk und Hanna, die Mutter Samuels, rechts von Maria Simeon und eine Frau (vielleicht die Prophetin Hanna); dritte Reihe von links nach rechts: Baruch, Johannes der Täufer, das Lamm Gottes mit Kelch und Siegesfahne, die Witwe von Sarepta (vgl. S. 50) und Daniel. Über dem Lamm Gottes schließlich der Gekreuzigte; links vom Gekreuzigten die Ecclesia (= Kirche) mit Kelch und Fahne (vgl. S. 50, 74f.), Melchisedek und eine Frauengestalt, die auf ein Götzenbild hinweist; rechts vom Gekreuzigten Maria und Johannes, Mose mit der erhöhten Schlange (vgl. S. 50) und die Synagoge (vgl. S. 50, 74f.).

lypse (Kap. 4 und 5; 19 und 21). Hier gelangt die Geschichte an ihr Ziel. Die neun Chöre der Engel, die vier lebenden Wesen, die vierundzwanzig Ältesten, die unzählbaren Tausendschaften, sie alle sind versammelt zur Hochzeit des Lammes mit der erlösten Menschheit. In Christus, dem Mittelpunkt, ist das vorher Getrennte vereint.

Getrennt waren nach dem Epheserbrief (2,11ff.) die Kirche aus den Juden, der Alte Bund, und die Kirche aus den Heiden, der Neue Bund. Im Gewölbe der Kirche kommen ihre Orte, nämlich die linken und die rechten Seitenwände, zusammen und werden vom Schlußstein fest miteinander verbunden zu der einen Kirche. Der Abt Suger von St.-Denis deutet in dem Büchlein über seinen Kirchenneubau den Vorgang der Einwölbung. Er spricht vom „Bauen im Geiste . . . auf den Fundamenten der Apostel und Propheten, . . . während Christus der Schlußstein ist, der eine Wand mit der anderen verbindet". Tatsächlich zeigen die gotischen Gewölbeschlußsteine, welche zwei gegenüberliegende Wände durch das Kreuz der Rippen verstreben, auffallend häufig das Bild Christi oder seine Attribute.

Im „neuen Himmel" sind Juden und Christen nun geeint. Wie schwierig und tragisch dieses Problem seit dem Apostel Paulus für die nachfolgenden Theologen war – und auch noch ist? –, zeigen uns die gotischen Kirchen mit den Figuren der *Synagoge* und der *Ecclesia.* In der Gestalt von zwei Frauen begegnen sie uns meistens am Eingang in die Kathedrale, aber auch in Darstellungen der Kreuzigung Jesu, obwohl keiner der Evangelisten sie erwähnt. Die Prophezeiungen und die Klagelieder des Jeremia stellen das Volk Israel als Jungfrau und Tochter, als gestürzte Fürstin oder als trauernde Witwe vor. Die Kirchenväter sahen in der trauernden Fürstin die Synagoge personifiziert, während sie schon früh in der Gestalt der Braut Christi die Kirche erkannten.

Abb. S. 75
s. S. 50, 73

Haben die frühen Kirchenväter die beiden Frauengestalten einander einfach gegenübergestellt, treten sie im Mittelalter öfters als unversöhnliche Gegnerinnen auf. Hier spiegeln sich die damals aktuellen feindlichen Auseinandersetzungen wider. Die Theologen des Mittelalters schwanken zwischen polemischer Anklage und versöhnender Verteidigung der Juden. Diese Tendenzen zeigen auch die unterschiedlichen Gestaltungen von Synagoge und Kirche.

Es gibt Darstellungen, auf denen Christus mit zärtlicher Gebärde wie ein Bräutigam der Synagoge den Schleier bzw. die Binde von den Augen löst, damit sie am Ende wieder sehend werde und teilnehme an der unverhüllten Schau Gottes. Die in Trauer gebeugte

Ecclesia und Synagoge. Steinfiguren, 13. Jh., am Gewände des Hauptportals des Münsters Unserer Lieben Frau, Freiburg i. Br.

Albert der Große schreibt um 1240 über die Darstellungen von Ecclesia und Synagoge: „Die junge Frau, welche die Kirche bedeutet, malt man zur rechten Hand des Gekreuzigten. Sie hat ein heiteres und schönes Gesicht und trägt eine Krone, und in einem Kelch bewahrt sie ehrfurchtsvoll das Blut Christi. Die Synagoge malt man zur linken Hand, mit verbundenen Augen (da sie den Erlöser nicht erkannte), mit trauriger Miene und gesenktem Kopf."

Synagoge am Straßburger Münster trägt wie eine Braut das Haar offen, genauso wie die ihr gegenüber aufrecht stehende Ecclesia. Diese hat zwar als Siegeszeichen die Auferstehungsfahne in der Hand und trägt den Kelch mit dem Blut Christi. Ist sie doch aus seiner Seitenwunde wie eine neue Eva aus dem neuen Adam geworden. Ihr Blick ist ohne Häme. s. S. 66, 70
Wie zu einer leiblichen Schwester geht er hinüber zur mädchenhaften Synagoge, deren Hoheitszeichen, die Fahnenstange, zerbrochen ist. Auch die Gesetzestafeln des Mose gleiten ihr aus der Hand. Das alte Gesetz ist vom neuen Gesetz Christi überholt. W. Pinder sagt von dieser Darstellung, daß hier „kein Volk gemeint ist, sondern ein Stadium der Heilsgeschichte, allgemein menschlich aber die Niederlage, wie nur der vornehmste Sieger sie im ebenbürtigen Besiegten zu erblicken vermag". Ist aber die Frage eines mittelalterlichen Theologen nicht richtiger: „Sollen wir den Schoß verdammen, der vor Beginn der Zeiten die heiligen Geheimnisse Christi getragen hat?" Bernhard von Clairvaux sieht in der verfolgten jüdischen Gemeinde von Mainz die „lebendige Verkörperung des Leidens Christi".

Der Versucher und eine der fünf törichten Jungfrauen. Steinfiguren, 13. Jh., vom Gewände des rechten Westportals des Straßburger Münsters.

Das ikonographische Programm der drei Westportale des Straßburger Münsters wurde wahrscheinlich von Albertus Magnus entworfen. Das Tympanon des rechten Westportals zeigt das Jüngste Gericht. An den Gewänden und seitlich davon stehen Christus und die klugen Jungfrauen rechts, links die törichten Jungfrauen mit den zerbrochenen Lampen (siehe Sockel der rechten Figur); der Versucher mit Schlangen und Kröten auf dem Rücken reicht ihnen einen Apfel, den das Mädchen auf unserem Bildausschnitt begierig und verzückt betrachtet. Auf den Sockeln sind Monatsarbeiten und Tierkreiszeichen dargestellt.

Das andere Extrem, der erbitterte Judenhaß, wird aber auch ohne Scheu dargestellt: Da reitet forschen Blickes die gekrönte Kirche stolz und hochmütig mit fliegender Fahne auf einem vierköpfigen Tier, dem *Tetramorph*. Bei genauerem Zusehen erkennt man die vier Köpfe der Evangelistenzeichen, Adler, Löwe, Mensch und Stier. Und dementsprechend hat dieses seltsame Tier auch weitausgreifende viererlei Füße. Die Kirche sprengt also, fest auf den vier Evangelien sitzend, den Kelch mit dem Blut Christi vor sich hertragend, der blinden Synagoge entgegen. Die kippt schon rücklings von ihrem mühsam trabenden Esel hinunter. Die Fahnenstange ist geknickt, und die Krone fällt ihr vom Kopf. Dem dargebotenen Kelch der Kirche streckt sie einen abgehauenen Schädel eines Ziegen- oder Schafsbocks entgegen. Das sind die Opfertiere für den jüdischen Tempelkult. Der Betrachter von damals erkannte aber zugleich in dem Bock das Zeichen der Ausschweifung und Schande. Welch blasphemischer Gegensatz von diesen Damen zu den Bräuten der biblischen Tradition!

Wie zur Warnung des Betrachters werden gewissermaßen als Brautjungfern der Kirche *die fünf klugen*, der Synagoge aber *die fünf törichten Jungfrauen* zugeteilt. s. S. 76 Die klugen Jungfrauen haben vorgesorgt. Sie tragen die mit Öl gefüllten Lampen aufrecht. So sind sie für die Hochzeit Christi mit seiner Kirche bereit. Die dummen, unvorsichtigen Brautjungfern haben ihre Öllämpchen gekippt. Für sie ist auch die letzte Stunde zu spät. Vermutlich hat der Kirchenbesucher dieses Bildergleichnis (Mt 25,1–13) aber als Warnung verstanden, sich nicht unvorbereitet vom Tod überraschen zu lassen.

Gegen diese Gefahr und die Angst eines unversehenen Todes soll die riesenhafte Gestalt des heiligen *Christophorus* helfen. Immer ist sie groß und unübersehbar an und in der Kirche angebracht, weil man glaubte, man würde nicht plötzlich ohne „Versehung" mit den heiligen Sakramenten an dem Tag sterben, an dem man das Bildnis dieses Heiligen angeschaut hat. Wer aber wie Christophorus dem Geringsten helfend dient, wird als ein Großer gelten im Reiche Gottes.

Der Anschauungsunterricht an der Kirche

Was der Mensch in seinem Alltagsleben zu tun oder zu lassen hat, was ihn leiten oder wovor er sich hüten soll, das kann er hochgelehrt und erbaulich, aber auch humorvoll und abschreckend rings um die Kathedrale ablesen. Wie in einem Lexikon ist das ganze Wissen der Scholastik versammelt.

Dem *Zodiak*, dem Jahreslauf mit den Tierkreiszeichen, sind die vier s. S. 76

Jahreszeiten und die zwölf Monate samt den dafür typischen Arbeiten zugewiesen. Den sieben Tagen der Woche entspricht die Summe der drei göttlichen *Tugenden:* Glaube, Hoffnung und Liebe, und der vier alten Kardinaltugenden (d.h. Türangel- bzw. Haupttugenden): Tapferkeit, Mäßigkeit, Gerechtigkeit und Klugheit.

Aber auch das Gegenteil wird deutlich gemacht. Meist folgt die Darstellung dem *Lasterkatalog* der sog. sieben Haupt- und Todsünden, Personifizierungen von Stolz, Habsucht, Unkeuschheit, Neid, Unmäßigkeit, Zorn und Faulheit. Diese Laster können auch erweitert, in kleine Szenen gefaßt, auftreten und so mehr oder weniger ausführlich in Parabeln oder Sprichwörtern die „tolle" Seite des menschlichen Lebens, seinen ver-rückten Sinn, oft sehr drastisch und anschaulich und zuweilen auch obszön, als die bloße „Kehrseite" zeigen. Daß im „Hui der Welt" manches „pfui" und faul ist, hat nicht erst die barocke Predigt entlarvt. Ein typisches Beispiel
Abb. S. 76 der gotischen Kirche dafür ist die versucherische „Frau Welt" und ihr vornehmer Galan. Sie trägt ihre verlockenden Reize unverhüllt und ohne Scham zur Schau. Und damit es ganz klar ist, auf wessen Seite sie steht, hat sie als typisches Kostüm ein Bocksfell locker über die Schultern hängen oder sie führt den gehörnten Bock, den Teufel selbst, an der Hand. Ihr zugesellt ist ein eleganter, höfisch-modisch aufgeputzter Galan. Mit Blumen im Haar, durchaus vertrauenerweckend lächelt er freundlich und gewinnend. Nur wer „dahinter blickt", erkennt, mit welchem Herrn er es hier zu tun hat. Die Rückseite des Galan ist schauerlich zerfressen und wimmelt von Kröten, Molchen und Würmern. Dieser zwei-deutige Jüngling ist der Satan selbst, der „Fürst dieser Welt", „der Lügner von Anfang an", der Diabolus, der Durcheinanderbringer. „Die Welt ist außen schön, gelb und grün und rot, doch drin' von schwarzer Farbe, finster wie der Tod", klagt Walther von der Vogelweide.

Was da kreucht und fleucht

Die Gotik kennt wie die Romanik auch die dämonische, ungeheuerliche und tödlich-bedrohliche Seite des Bösen. Aber sie verbannt sie außerhalb der Kirche, bindet sie an die Fassaden. Auf den Dächern und Türmen müssen die fratzenhaften Dämonen etwa als *Wasserspeier* der Kathedrale dienstbar sein. Hinein dürfen sie nicht, denn „nichts Unreines wird hineinkommen, keiner, der Greuel verübt und lügt. Nur die, die im Lebensbuch
s. S. 6 des Lammes eingetragen sind, werden eingelassen" (Offb 21,27).

Wenn aber teuflische Wesen doch ins Kircheninnere vorgedrungen sind, dann ist ihr Aufenthalt mit Vorliebe das Chorgestühl. Und wieder müssen sie in unter-geordneten Stellungen Dienste tun, etwa den singenden Chorherren und Mönchen als *Misericordien,* als Lehn- und Sitzstütze Abb. S. 1 wirklich „untertan" sein. Oder sie werden als Handlauf von den frommen Herren „in den Griff" genommen. Manchmal versuchen diese Teufel- s. Abb. chen, im Kleid von Äffchen oder sonstigen spielerischen Tieren scheinbare Harmlosigkeit vorzutäuschen.

Viele Darstellungen muten uns grotesk und lustig an: Moriskentänzer, fingerhakelnde Männer, eine auf dem Rücken ihres Mannes reitende Frau – wohl Phyllis auf dem Aristoteles –, ein Fuchs in Mönchskutte, der den Gänsen predigt u.ä. Vieles läßt sich von uns nicht eindeutig ausmachen. Vermutlich verstecken sich hinter diesen Szenen Sprichwörter und Redensarten, volkstümliche Predigtsentenzen, welche die geistlichen Herren vor den Versuchungen und Lastern der Welt bewahren und sie zur Übung der verschiedensten Tugenden eines frommen Lebens auffordern wollen.

Der gefesselte Teufel. Holzfigur vom Chorgestühl, Anfang 16. Jh., der Kirche St. Martin in Memmingen.

Der Theologe und eifernde Reformer Bernhard von Clairvaux, wollte schon früher am liebsten diesen Teufelskram samt und sonders aus dem näheren und weiteren Umfeld der Kirchen verbannt sehen. Zumindest in Klosterkirchen hätte er nichts zu suchen (vgl. S. 42, 86ff.):

„Was sollen übrigens in den Klöstern vor den lesenden Brüdern jene lächerlichen Monstren, die unglaublich deformierte Formvollendung und die formvollendete Deformation? Was sollen die unreinen Affen? Was die wilden Löwen? Was die monströsen Zentauren? Was die

Halbmenschen? Was die gefleckten Tiger? Was die kämpfenden Krieger? Was die ins Horn stoßenden Jäger? Man sieht unter einem Kopf viele Körper und an einem Körper viele Köpfe. Einmal erkennt man an einem Vierfüßler den Schwanz einer Schlange, dann sieht man an einem Fisch den Kopf eines Vierfüßlers. Dort zieht eine Bestie ein Pferd hervor, das eine halbe Ziege nach sich schleppt, hier führt ein gehörntes Tier ein Pferd hinter sich. Überall erscheint eine ebenso bunte wie erstaunliche Fülle verschiedenartigster Formen, daß man lieber im Marmor als in den Büchern liest und betrachtet. Den ganzen Tag ist man damit beschäftigt, die Einzelheiten der Werke zu bewundern, anstatt über das Gesetz Gottes nachzusinnen. Mein Gott! – wenn man sich schon nicht der Unschicklichkeit schämt, warum scheut man nicht den Aufwand?"

Wir wissen aber, daß andere zeitgenössische Theologen mit vorsichtigen Argumenten diesen „Unwesen" zumindest ein Hintertürchen in die Kirchen offenhielten.

Die *Chorstühle* zeigen häufig die ganze Symbolwelt der gotischen Kirche – nur gleichsam im Stenogramm. Auch hier gilt die Ordnung und Zuordnung von unten und oben, von links und rechts, von Vorläufigem und Ewigem, von Diesseits und Jenseits, von Schatten und Licht, von Gesetz und Gnade. So stehen entsprechend zueinander die Propheten und die Apostel, die Patriarchen und die Heiligen, Eva und Maria, David und Christus. Ähnlich gestalten die Italiener ihre großen *Kanzeln*.

s. S. 54 Die Studenten der Kathedralschulen konnten die „profanen" wissenschaftlichen Fächer als Damen personifiziert an der Fassade der Kirche ausmachen. Profan heißt ja wörtlich „vor dem Heiligtum". Die *Sieben Freien Künste* sind meistens an ihren Attributen zu erkennen. Die *Grammatik* will mit der Rute ihren kleinen Schülern das Lesen und Schreiben einbleuen. Die *Dialektik* wird erkannt an einer sich windenden Schlange oder einer Schere. Manchmal hat sie kein Attribut, sondern offenbart sich, wie sie an den Fingern die Argumente abzählt. Die *Rhetorik* zeigt große Redegestik oder wirft Münzen, d.h. sie macht „goldene Worte". Manchmal hat sie als Zeichen ihrer schneidenden Wortgefechte ein Schwert in der Hand. Die *Arithmetik* hat einen Rechenschieber oder ein Ziffertäfelchen, die *Geometrie* einen Zirkel, ein Lineal oder ein Winkelmaß. Die *Musik* schlägt ein Glockenspiel. Die *Astronomie* schließlich hantiert mit einem Astrolabium.

Über allen aber steht als gekrönte Königin die *Philosophie* mit der siebenstufigen Leiter der Freien Künste in der Hand. Die aber ist wiederum die dienende Magd der göttlichen *Theologie*. Denn gemäß dem scholastischen Verständnis führt ja das Wissen zum Glauben, die Kenntnis der Kreatur zum Schöpfer, die Schönheit zur ewigen Wahrheit, das Sichtbare zum Unsichtbaren, die Erde zum Himmel. Ausdruck und Medium dieser universalen Lebenshaltung ist die gotische Kathedrale.

Was im Paradiesgärtlein blüht

Die Pflanzendarstellungen der Romanik – in der Bauplastik wie in der s. S. 45
Buchmalerei – sind streng stilisierte Ornamente. Mit klaren Namen sie als diesen Baum oder jene Blume zu benennen, wird uns kaum gelingen. Als ihre Urform sind meistens der Akanthus oder die Palmette der Antike zu erahnen. Die „gotischen" Pflanzen dagegen können wir fast alle mit einem Bestimmungsbuch der Botanik benennen, so genau sind sie beispielsweise als Eiche oder Löwenzahn gestaltet, so wenig „symbolhaft"-stilisiert erscheinen sie. Spärlich wachsen sie noch in der Frühgotik auf Säulenkapitellen und Friesen. Ab 1400 erobern sie die Altar- und Heiligenbilder, bis endlich in der Spätgotik die Kirche selbst zuweilen einer *Garten-* s. S. 94
laube gleicht und die Pflanzen wieder in ornamentale Gebilde auswuchern.

Alle diese Pflanzen, auch das akkurat gemalte Gänseblümchen, sind nicht um ihrer selbst willen da als „neutrale" Naturerscheinungen, sie sind auch nicht bloßes schmückendes Ornament. Zu den mittelalterlichen Menschen reden sie in einer meist vielschichtigen Zeichensprache. „Omnis creatura significans": Jedes Geschöpf ist Zeichen, Hinweis, sagt Alanus ab Insulis. Auch die Pflanzen sind *Sinn-Bilder* für bestimmte Eigenschaften von Personen, denen sie zugesellt sind, zeigen meistens auf deren Tugenden, seltener auf deren Laster. Als Geschöpfe verweisen sie auf den Schöpfer. Die Heilkräuter vertreten und bringen das Heil Gottes. Seit der frühen Kirche heißt Christus „Salus mundi", „Heil der Welt". Einige Gnadenbilder mit Maria tragen den Titel „Salus Populi", „Heil des Volkes".

Aber auch bei den Pflanzen muß man unterscheiden, ob sie ad bonum, zum Guten, oder ad malum, zum Bösen hin auszulegen sind. So kann ein Baum der Paradiesbaum des ewigen Lebens sein, aber auch als der Baum der Erkenntnis über den Sündenfall zum Baum des Gesetzes und des Todes werden. Der wird wiederum über das Kreuz Christi zum Lebensbaum. Einen umfassenden Bedeutungskatalog der Pflanzen aufzustellen, ist insgesamt recht schwierig. Aber ein paar Hinweise sollen auf die Fährte bringen.

Zunächst ist die Bibel als erste Quelle zu nennen, aus der von Anfang an die Kirchenväter in ihrer Vorliebe für Symbolik und Allegorik schöpften. Psalm 92 nennt den „Gerechten" eine Palme und eine Zeder. Und Jesus nimmt einen schon biblischen Vergleich auf (Hos 10,1), wenn er sich selber als den wahren Weinstock bezeichnet (Joh 15,5).

Der „Liber Floridus", das Blumenbuch des flandrischen Domherrn Lambertus von St.-Omer aus dem beginnenden 12. Jahrhundert, zeigt die ganze Welt anhand von Pflanzenbeschreibungen. Da werden z.B. die sieben Seligpreisungen der Bergpredigt in Bäumen ausgelegt (Olivenbaum, Palme, Platane, Rose, Terebinthe, Zeder und Zypresse). In die Zweige einer Palme sind über zwanzig Tugenden eingezeichnet und Lastern gegenübergestellt.

Vor allem hat das Hohelied des Alten Testaments mit seiner reichen Naturlyrik die mittelalterlichen Theologen zu ganzen Sammlungen von geistlichen Pflanzendeutungen angeregt. So werden etwa nach dem „Salomonischen Würzgarten" des 13. Jahrhunderts die Pflanzen am linken Nebenportal der Westfassade von Notre-Dame zu Paris als Mariensymbole gedeutet, die Pflanzen an der Rückwand der Kathedrale von Reims auf Christus bezogen.

Ein mittelhochdeutscher Verfasser von Ritterromanen, Konrad von Würzburg, schrieb in Straßburg zu der Zeit, als man dort am Langhaus des Münsters baute, ein ellenlanges Mariengedicht von etwa 2000 Versen. Es war berühmt unter dem Titel „Goldene Schmiede". Hier hat Konrad so ziemlich alle Vergleiche und Sinnbilder zusammengetragen, die damals für Maria bekannt waren. Die meisten davon sind Pflanzen. Maria selbst ist eine „Apotheke wonniglich" mit vielen Heil-, Duft- und Gewürzpflanzen: Kardamon, Pfingstrose, Osterglocke (Safran?), Mandelkern, Fenchel, Minze, Salbei, Raute, Margerite u.a. Da wird Maria genannt

> „ein Myrrhenbaum aus dem Paradies,
> mit Früchten wohlgezieret . . .
> Du blühender Lilienstengel!
> Du Veilchenbusch im Märzen!
> Du Licht vor allen Kerzen!
> Du Gemme vor allen Steinen gut!
> Du schöne Mandelbaumblüt,
> die nie der Reif der Sünde befiel!
> Du Zuckerstaude, in der der Saft
> liegt aller Süßigkeiten!
> Dein Trost den Siechen heilet,
> der an der Seele ist nicht gesund."

Auf Mariendarstellungen finden wir die ganze „Apotheke" der besungenen Heilkräuter wieder. Sie wachsen auch im *Hortus conclusus,* im verschlossenen Garten, der von einer Mauer oder einem Weidenzaun umfriedet ist *(Paradiesgärtlein),* dem Sinnbild für die Jungfräulichkeit Mariens. Abb. S. 85

Wie nahe damals noch Naturwissenschaft und Theologie einander sind, sehen wir an einem der Großen dieser Zeit: Albertus Magnus (1193–1280), ein schwäbischer Grafensohn, Theologe, Philosoph und Naturforscher, Professor an den Kathedralschulen von Paris und Köln, Provinzial der deutschen Dominikaner, Bischof von Regensburg und dann von Köln, schließlich Kirchenlehrer und Heiliger der katholischen Kirche. Dieser „Doctor universalis" war sich nicht zu gut, einen noch heute brauchbaren Gartenplan mit allem, was dazugehört, zu verfassen. Nicht bloß das eine oder andere Andachtsbild mit dem Paradiesgärtlein scheint wie eine Illustration dazu. In so manchem Schloßgarten – von den Klostergärten nicht zu reden –, ja in den heute wieder beliebten Bauerngärten können wir sein Planmodell entdecken.

„Man muß also einen Platz, der für einen Lustgarten eingerichtet werden soll, zuerst von alten Wurzeln gut reinigen, was kaum geschehen kann, wenn man nicht die Wurzeln ausgräbt, den Platz aufs beste ebnet und allenthalben kräftig mit kochendem Wasser übergießt, damit die Reste der Wurzeln und Samen, die im Boden verborgen sind, verbrannt werden und nirgendswo keimen können. Alsdann muß mit mageren Rasenstücken eines feinen Grases der ganze Platz belegt werden, und dieselben müssen mit breiten, hölzernen Hammern fest eingedrückt und die Gräser mit den Füßen in den Boden eingestampft werden, bis sie kaum mehr zu sehen sind: dann brechen sie allmählich haarfein hervor und bedecken die Oberfläche nach Art eines grünen Tuches. Man muß den Rasen in solchen Ausmaßen anlegen, daß hinter dem Rasen im quadratischen Ausschnitt alle Arten aromatischer Kräuter, wie Raute, Salbei, Basilicum gepflanzt werden können und desgleichen alle Arten von Blumen, wie Veilchen, Akelei, Lilie, Rose, Schwertlilie und ähnliche. Zwischen diesen Kräuterbeeten und dem (erstgenannten) Rasenstück soll am Ende desselben ein erhöhtes Rasenstück angelegt werden voll lieblicher Blumen und ungefähr in der Mitte zum Sitzen geeignet, wo sich die Sinne erholen und Menschen sitzen können, um sich ergötzlich auszuruhen.

Auf dem Rasen sind gegen die Sonnenseite hin Bäume zu pflanzen oder Weinreben hochzuziehen, durch deren Laub der Rasen gewissermaßen geschützt ist und ergötzlichen und erfrischenden Schatten empfängt . . . Hinter dem Rasen aber herrsche eine Vielzahl von Medizinal- und Küchenkräutern (aromaticae!), welche nicht allein durch ihren Geruch ergötzen, sondern auch durch die Mannigfaltigkeit der Blüten das Auge erfreuen und durch ihre Vielgestaltigkeit den Blick des Beschauers auf sich lenken . . .

In der Mitte des Rasens aber sei kein Baum, sondern lieber glatte Fläche, so daß man sich an gesunder und freier Luft erfreuen kann . . .

Wenn es aber möglich ist, soll eine sehr reine, in Stein gefaßte Quelle in die Mitte geleitet werden, weil deren Reinheit viel Vergnügen macht. Nach Norden und nach Osten sei der Lustgarten offen wegen der Gesundheit und Reinheit der hier einströmenden Winde. Nach der entgegengesetzten Windrichtung aber, d.h. nach Süden und nach Westen, sei er geschlossen wegen der Stürmischkeit, Unreinheit und schwächenden Wirkung dieser Winde . . . " (Albertus Magnus: De vegetabilibus, liber septimus . . . , übers. von Hermann Fischer, in: ders., Mittelalterliche Pflanzenkunde, München 1929, S. 171ff.)

Abb. S. 85: Maria, die Himmelskönigin, im „Hortus conclusus" (verschlossener Garten – vgl. Hoheslied 4,12ff. –, „Paradiesgärtlein"). Im Vordergrund das mit einem Hund spielende Jesuskind und die Heiligen Margareta (mit Kreuz und Drachen) und Katharina (mit Rose, Schwert und Rad).
Kupferstich des Meisters E. S. (Vorläufer und vielleicht Lehrer von Martin Schongauer), tätig zwischen 1450 und 1464 im süddeutsch-schweizerischen Raum.

Sagt, ihr Armen,
was macht das Gold im Heiligtum?
(Bernhard von Clairvaux)

Die Kirche der Zisterzienser

s. S. 57ff. Zur gleichen Zeit, als in St.-Denis der Benediktinerabt Suger die erste gotische Kathedrale baute, deren Kostbarkeiten und Farbenpracht er als „himmlische Schau" zu rechtfertigen versuchte, gab der radikale Reformer Bernhard von Clairvaux (1091–1153) seinen Zisterziensern eine gegensätzliche Richtung an für ihre Kirchenbauten. Karge, unverputzte Räume sollten sie haben, ohne Schmuck und Farbe. Keine auftrumpfenden Türme! Für die Glocken genügt ein schlanker Dachreiter über der Vierung. Das Kreuz darf nur aus Holz sein, wenn auch bemalt. Für Kelche und Hostienteller ist Silber ohne alle Verzierung gestattet. Die Kerzenleuchter müssen aus Eisen sein, die Weihrauchkessel aus Kupfer. Selbst für die Meßgewänder werden Farbe und Stickerei verboten. Nur die heilige Jungfrau Maria hat als einzige Figur Platz.

s. S. 79f. Mit welchem Ernst man diese „Säuberung" der Gotteshäuser zu betreiben hatte, sagten die Bestimmungen der Generalkapitel: „Die Glasfenster sollen weiß und ohne Kreuze und Bilder sein . . . Gemalte Glasfenster sollen binnen der Frist von zwei Jahren ersetzt werden; andernfalls fasten ab sofort Abt, Prior und Kellermeister jeden sechsten Tag bei Wasser und Brot, bis die Fenster ersetzt sind."

Die Philippika Bernhards gegen die kostbare Gestaltung der Kirchen und Klöster war nicht ohne Seitenblick auf den Abtskollegen von St.-Denis gedacht. Seine Angriffe lassen an Deutlichkeit nichts zu wünschen übrig: „Durch einen gewissen Trick wird Geld so verteilt, daß es sich vervielfacht. Es wird ausgegeben, damit es vermehrt wird; und indem es verschwendet wird, schafft es Reichtum. Denn durch das Schaugepränge dieser verschwenderischen, merkwürdigen Eitelkeiten werden die Menschen mehr zum Spenden als zum Beten verleitet . . . Vor goldbeladenen Reliquien laufen die Augen über, und die Geldbörsen gehen auf. Es wird die schönste Figur irgendwelcher Heiliger vorgezeigt und für umso heiliger geglaubt, je bunter sie ist . . . O Eitelkeit über Eitelkeit – aber nicht so eitel als vielmehr wahnsinnig! Es funkelt die Kirche in ihren Mauern, und in ihren Armen leidet sie Mangel! Ihre Steine umkleidet sie mit Gold, aber ihre Kinder läßt sie nackt!"

Bernhard zog sich darum bewußt mit seinen Brüdern aus der städtischen Zivilisation in unwegsame Wälder und Sümpfe zurück, um ohne alle Ablenkung und Versuchung durch den Reichtum der Welt allein für Gott zu leben. Die Namen der ersten Zisterzienser-Gründungen sind schon Programm: Morimond = Stirb-der-Welt! Aber Clairvaux = lichtes (helles) Tal, Gottestal und Gnadental heißen andere.

Die Wüste also birgt das Paradies. Den Novizen erklärte Bernhard beim Eintritt ins Kloster: „Wenn ihr es eilig habt, innerliche Menschen zu werden, dann laßt eure Körper draußen. Hier treten nur die Seelen ein. Das Fleisch dient zu nichts." Dementsprechend bald traten auch die meisten Mönche ihre letzte Reise in die Ewigkeit an. Das Durchschnittsalter dazu betrug achtundzwanzig Jahre. Nur Männer mit eiserner Gesundheit wurden älter.

Unser heutiger Verstand kann sich wohl schwerlich erklären, daß trotzdem im Jahr 1148 an die neunhundert Brüder in Clairvaux lebten. Ein „Betroffener" von damals hat uns seine Erklärung überliefert: Otto von Österreich, der Enkel Heinrichs IV. Nach seinem Studium an der Pariser Universität blieb er auf der Heimfahrt in Morimond hängen. Mit sechsundzwanzig Jahren wurde er zu ihrem Abt gewählt. In seiner Chronik begründet er – nun Bischof von Freising – dieses asketische Leben der Mönche. Nach seiner Meinung „könnte die Welt wegen der stinkenden Sündhaftigkeit dieser höchst unruhigen Zeit nicht mehr lange bestehen, würde sie nicht durch die Verdienste der Mönche erhalten . . . Sie leben im Diesseits im Verborgenen Sie führen schon auf Erden ein Leben in himmlischer, engelhafter Reinheit . . . Sie leben in Gemeinschaft, legen sich gleichzeitig schlafen, stehen einmütig auf zum Gebet, nehmen gemeinsam in einem Raum die Mahlzeiten ein, und Tag und Nacht beschäftigen sie sich mit Beten, Lesen, Arbeiten . . . Bisweilen bekommen sie, soweit das im Diesseits möglich ist, durch Kontemplation einen Vorgeschmack von den Wonnen des himmlischen Vaterlandes und bringen deshalb, obwohl durch Arbeit ermattet, durch Nachtwachen erschöpft, durch Fasten abgezehrt, wie die Grillen, die mehr zirpen, wenn sie hungrig sind, fast die ganze Nacht mit Gesang der Psalmen, Hymnen und geistlichen Liedern wachend zu."

Der asketischen Lebensform der Mönche und Nonnen entsprach auch die verbindliche *Bauvorschrift der Zisterzienser.* Ziel ist ein möglichst einfacher, übersichtlich geordneter Bau. Weil er von Dauer sein sollte, mußte Abb. S. 63 möglichst alles aus unverputzten Steinen gefügt sein, vom Fußboden über die Wände bis zum Gewölbe, sogar Sitzbänke, Fenster- und Türrahmen. Dies hatte eine vollendete Präzision in der Gestaltung der einzelnen Bauteile zur Folge und gleicherweise eine Klarheit der Proportionen und eine „Ruhe" der Räume, Kennzeichen für die „Zisterzienserästhetik" auch der folgenden Zeiten. Fachleute rühmen die ungewöhnlich gute Akustik dieser Kirchen.

Bernhard hatte seinen Mönchen neben der Bedürfnislosigkeit auch fleißige Arbeit verordnet. Ohne seine Absicht brachte aber gerade dies seine Klöster zwangsläufig zu großem Wohlstand. Die üblichen frommen Stiftungen dieser Zeit taten ein übriges. Hundert Jahre nach der Gründung besaß das schon erwähnte Morimond (Stirb-der-Welt!) 1600 Hektar Land mit etwa 700 Rindern und 2000 Schweinen.

Dieser Reichtum beeinflußte zwangsläufig die Bauweise der Zisterzienser. „Wie von der Automatik eines historischen Gesetzes beschleunigt, nehmen von Jahrzehnt zu Jahrzehnt die Gebilde an Volumen zu. Das Strenge blüht auf. Plastik drängt sich vor. Knospenkapitelle entfalten sich, und die Ornamente gewinnen an Fülle" (W. Braunfels). Ein Gang durch die Klosteranlage von Maulbronn in Württemberg läßt uns diesen Wandel anschaulich nacherleben.

Die Kirchen der Bettel- und Predigerorden

Die Zisterzienser, später auch die Kartäuser, zogen absichtlich aus den Dörfern und Städten in die einsamste Wildnis, um dort, arm wie Jesus, ohne weltliche Verpflichtungen allein für Gott leben zu können.

Die Armut war für *Franz von Assisi* (1181/82–1226) genauso wichtig. Er wollte sie noch radikaler leben. Gar nichts wollte er besitzen. Nicht einmal den Verdienst aus harter Handarbeit erlaubte er seinen Brüdern. Sie sollten auch keine Häuser zu eigen haben, hatte doch der arme Jesus auch nichts, um sein Haupt zu betten. „Die Brüder sollen nichts zu eigen haben, weder ein Haus noch eine Niederlassung noch irgend eine Sache", bestimmt die Regel des heiligen Franz von Assisi.

Franz wollte sich aber nicht vor der Welt und den Menschen zurückziehen. Wie einst Jesus mit seinen Jüngern wünschte er mit seinen Brüdern lehrend und helfend übers Land und von Dorf zu Stadt zu wandern. Bei den Menschen sollten sie Obdach suchen.

Als Franz in Rom um Anerkennung seiner so wörtlich genommenen Jesusnachfolge bat, mußte der Kurie wohl die Erinnerung an die Katharer und Waldenser gekommen sein. Diese hatten sich auch auf eine unverfälschte Jesusnachfolge berufen und auf eine reine

Kirche und kleiner Kreuzgang des Minoritenklosters in Regensburg. Federzeichnung, 18. Jh. (Regensburg, Stadtmuseum).

Kirche. Der Name der Katharer bedeutet ja wörtlich „die Reinen". Von den Katharern stammt unsere deutsche Bezeichnung „Ketzer". Damit ist auch ihr weiteres Geschick bezeugt. Zum Bruch der Waldenser mit Rom kam es weniger wegen deren Lehre, sondern wegen eines kirchenrechtlich damals noch nicht aufgearbeiteten Problems. Die Waldenser forderten die freie, ungehinderte Predigttätigkeit. Kein Bischof wollte ihnen diese gestatten.

Als Franz, dem jeder Antiklerikalismus fremd war, den „Herrn Papst" um die Predigterlaubnis bat, wurde sie ihm gestattet. Der Papst berief sich dabei – sehr zum Unwillen einiger Bischöfe – auf seine Universalmacht. Auch sein Nachfolger nahm Franz und dessen Brüder in besonderen Schutz; und bald wurde aus der franziskanischen Gemeinschaft – gegen die eigentliche Absicht des heiligen Franz – der „Orden der Minderen Brüder".

Der spanische Priester *Dominikus* (1170–1221) fand für seine Genossen direkter und schneller Anerkennung und auch Auftrag von Rom. Sie sollten nicht nur durch ihre asketische Lebensweise wie der Arme aus Assisi die Herzen der Menschen für die Kirche wieder gewinnen, sie sollten auch in der theologischen Argumentation die Zweifelnden überzeugen und gegen die Häresien zu Felde ziehen. Franz verbot ursprünglich seinen Brüdern, außer der Bibel irgend ein Buch zu besitzen. Die Dominikaner waren von Anfang an zu Hause an den Universitäten.

Diese beiden neuen Ordensgemeinschaften hatten zunächst keinerlei Besitz – weder privat noch als Gemeinschaft –. Sie lebten nur von den Gaben der Leute; darum der Name Bettelorden bzw. Mendikanten, besonders für die Franziskaner. Ihre besondere Aufgabe galt der Predigt; darum die Bezeichnung Predigerorden bzw. Prädikanten für die Dominikaner.

Beide ließen sich vor allem in den dichtbesiedelten Städten nieder. Dort bauten ihnen die Bürger große, weite Kirchenräume für die Predigt. Meist lagen Kloster und Kirche der beiden Orden am jeweilig anderen Stadtrand. Dort war noch Bauplatz. Dort hatten die Stifter aus dem städtischen Patriziat ihre großen Grundstücke. Die Lage direkt an der Stadtmauer mag den Bürgern auch zudem von strategischem Nutzen gewesen sein.

Die beiden Ordensgründer haben für den Bau und die Gestaltung ihrer Kirchen keine Vorschriften erlassen. Erst die Konstitutionen des späteren Generalkapitels der Franziskaner zu Narbonne (1260) beschäftigten sich damit:

„Weil aber die Erlesenheit und der Überfluß direkt der Armut entgegenstehen, ordnen wir an, daß die Erlesenheit der Gebäude an Malereien, Tabernakeln, Fenstern, Säulen und dergleichen, ebenso das Übermäßige an Länge, Breite und Höhe möglichst streng vermieden werde, nach der Lage des Ortes . . . Die Kirchen aber sollen in keiner Weise gewölbt werden, mit Ausnahme des Presbyteriums. Im übrigen soll der Campanile nirgends nach Art eines Turmes errichtet werden; ferner sollen die Glasfenster weder mit Historien noch mit Bildern bemalt werden, nirgends, außer daß im Hauptfenster hinter dem Hochaltar Abbildungen des Kreuzes, der heiligen Jungfrau, des heiligen Johannes, des heiligen Franziskus und des heiligen Antonius gestattet sind."

Mit Vorliebe wählte man große, wenig unterteilte Säle ohne Querschiff. Der oft flache Chor ist selten eingezogen, meist hat er die gleiche Breite wie das Langhaus. Dort war die Predigtkanzel in der Mitte der Längswand aufgestellt. Für die Dominikaner galt bei uns nicht das Verbot, die Kirchen einzuwölben. Aber auch die Franziskaner wichen wiederholt davon ab. Man baute flachgedeckte und gewölbte Basiliken mit weiten und hohen Arkaden. Die Schiffe sind annähernd gleich hoch. Die *Hallenkirche* entsteht. Sie ist gerade in Deutschland *der* Kirchenraum des Spätmittelalters.

Wenn wir die Kirchen der Bettelorden besuchen, werden wir uns jedoch etwas verwundert die Augen reiben angesichts der bunten Glasfenster, der Fülle von kunstvollen Bildern und Figuren an den Wänden und Altären, in abgegrenzten Kapellen und Nischen. Wie schon erwähnt, waren ja die Kirchen samt den Klöstern den Bettelmönchen von den reichen Bürgern und vornehmen Patriziern der Städte gebaut worden. Zugleich hatten diese Stifter in diesen Kirchen aber auch ihre Privatkapellen mit der eigenen Familiengrablege oder zumindest irgendein Familiendenkmal errichtet. Und so spiegelt all der kunstreiche Aufwand weniger die franziskanische Armut als den Reichtum und Rang des im Hochmittelalter neu entstandenen „Großbürgertums" wider. Da begegnen uns über den Wappen der Familien, Gilden und Zünfte deren Patrone und Lieblingsheilige. Die ganze Bilderwelt einer privaten Frömmigkeit und einer das Gefühl ansprechenden Andacht des Spätmittelalters hat hier ihren Platz gefunden. Abb. S. 89

Der Herbst des Mittelalters

Die große Zeit der gotischen Kathedralen ist zu Ende. Es war die Zeit eines fast überall herrschenden äußeren Friedens in Europa ohne spürbare größere soziale Spannungen. Sie war günstig für die Entstehung und Verbreitung eines internationalen „gotischen Stiles".

Das hatte sich gegen Ausgang des 13. Jahrhunderts schon geändert. Die äußeren Ereignisse und die innere geistige Sicht der Geschichte werden zunehmend düsterer. Die Vernichtung der Stauferkaiser brachte der geistlich-weltlichen Herrschaft des Papsttumes einen einzigartigen Höhepunkt, hatte aber zugleich dessen Absturz schon angestoßen.

Das Gleichgewicht und die Ergänzung von geistlicher und weltlicher Herrschaft und Autorität, wie sie die romanische Kirche anschaulich zeigt, ist endgültig auseinandergebrochen. Könige und Gegenkönige belegen sich gegenseitig mit der Reichsacht, Päpste und Gegenpäpste mit dem Kirchenbann. Bald fungiert der Papst nur als erster Hofkaplan des französischen Königs. Die päpstliche Hofhaltung im Exil von Avignon überbietet an Pracht und Luxus die römische im Lateran. Die Hellsichtigen aber beklagen sie als die zweite Babylo- s. S. 37f.

nische Gefangenschaft. Die Kunst zeigt die Stadt Rom als trauernde Witwe inmitten der ausgeraubten und zerfallenden Hauptkirchen. Deutschland und Italien leiden fast hundert Jahre lang unter dem Interregnum, der „kaiserlosen, schrecklichen Zeit".

Schwere soziale Unruhen erschüttern die größeren Städte Europas. Es folgen Geldentwertung und wirtschaftlicher Niedergang. Die berühmten Bankhäuser von Florenz gehen bankrott. Der Hundertjährige Krieg zwischen Frankreich und England bringt die Geldwirtschaft Englands an den Rand des Ruins. Um seine kostspieligen Kriege zu finanzieren, entwertet Philipp der Schöne bewußt und mit System das Geld. Die Friedenspolitik seiner Vorgänger ist in das Gegenteil verkehrt. Dem Krieg folgen Naturkatastrophen, die über die Menschen Europas eine der schlimmsten Hungersnöte bringen. Dem Hunger folgt der Schwarze Tod. Die große Pest geht zweimal durch Europa und rafft über die Hälfte der Bevölkerung mancher Städte dahin. Das Schisma läßt an der geistlichen Legitimation der Kirche irre werden. Die sich gegenseitig bannenden Päpste und Gegenpäpste verhängen über die jeweiligen Anhänger und deren Länder das Interdikt. Es gibt wenige Orte im Reich, denen nicht wegen des Interdiktes irgendeines Papstes Gottesdienste und Sakramente untersagt sind.

Da die integrierende und helfende Autorität von Papst und Kaiser versagen, sucht der einzelne Gläubige selber, ganz persönlich oder im engen, vertrauten Kreis, die religiöse Sicherheit. Die Eucharistiefeier für die ganze Gemeinde wird von den zahllosen Privat- und Votivmessen in den Hintergrund gedrängt. Mystische Betrachtung, verbunden mit strengster Askese, sowie neue, das Gemüt der einfachen Leute unmittelbar ansprechende und bewegende Andachten sollen den verwirrten, bedrohten Menschen religiöse Sicherheit vermitteln. Die Betrachtung des Leidens Jesu im Kreuzweg oder der sog. Freuden und Schmerzen Mariens vermögen die trost- und hilfesuchenden Menschen eher zu erbauen als die lateinische Meßfeier. Die Religion wird volkstümlicher und persönlicher. Kleine mystische und reformatorische Gruppen und Bewegungen entstehen, Brüder- und Schwesterngemeinschaften mit einfacher, werktätiger und sozial ausgerichteter Frömmigkeit. Daneben sind Geißlerumzüge und religiöse Tanzepidemien im Geleitzug der Pest Kennzeichen einer anderen, ungesicherten Religiosität.

Die apokalyptischen Züge dieser Zeit schildert Friedrich Sieburg: „Der Baum Gottes scheint zu verdorren. Der Zweig, der über Deutschland und Italien reichte, ist abgeblüht. Auf Frankreich fallen bereits die vergilbten Blätter. In der Nacht rufen Stimmen: ‚Es ist Zeit!' Das große Schisma des Westens klafft. Die Schriftgelehrten der Sorbonne haben den Antichrist gesehen, einen nackten Jüngling, dem ein kleiner schwarzer Dämon aus dem vielberedten Munde sprang. Die Türken haben die Adria erreicht. In den verrußten Gewölben kochen die Adepten den Samen des Teufels, um das Geheimnis des ewigen Lebens zu gewinnen. Die Seefahrer sprechen von einem neuen Lande im Westen, dessen Ufersand aus eitel Gold ist, Schwarzkünstler in Deutschland haben die Höllenkunst erfunden, Bild und Schrift zu vervielfältigen. Über Europa hängt ein Komet, über vielen Städten regnet es Blut, in Venedig sind rote Ratten feierlich von einem Schiff an Land gestiegen und haben die Pest gebracht, das Geheimnis des Bauens ist verlorengegangen, und die Kathedralen, die noch nicht vollendet sind, werden niemals zu Ende gebaut werden. Blau glüht das Licht in den Tabernakeln, Tag und Nacht liegt das Volk vor dem Allerheiligsten auf den Knien und drängt sich um den Altar zusammen, als wäre es eine rettende Burg. Die babylonische Hure wird in mehr als einer Stadt gesehen, ihre Brüste sind rot bemalt, aber ihre Augen sind lieblich. Man wohnt dem frommen Tod von Bischöfen bei; als man den Leichnam entkleiden will, ist nichts unter dem violetten Tuch als eine kleine Fäulnis. Es gibt Priester, die beim Gottesdienst mit griechischen Versen antworten. Viele Könige haben welke Beine bekommen, sie verlassen sich zu sehr auf die Kanonen, die schon fast alle aus Eisen sind. In mehr als einem Lande haben die Menschen sich in Höhlen zurückgezogen, wo sie ihre Mahlzeiten aus Gras und Baumrinden bereiten. Nachts unter dem Regen oder dem rauhen Tuche weint die Christenheit sich in den Schlaf. Der Morgen will nicht kommen." (Friedrich Sieburg: Gott in Frankreich?, Frankfurt a. M. 1929).

Astkreuz, um 1350, in der Basilika St. Lorenz, Kempten/Allgäu.

Die Kunst dieser Spätzeit zeigt, wie die Menschen ihre Ängste zu bewältigen versuchten. Nebeneinander schildert sie die überirdische Schönheit und Eleganz der Schönen Madonnen des sog. Weichen Stiles und gleichzeitig die abstoßende Häßlichkeit eines Pestkreuzes. Die Vision himmlischer Schönheit als Hoffnungsbilder einer erlösten Welt und dagegen der Gestaltungsversuch, sich alle Not von der Seele zu malen, um die Furcht zu bannen: Sie kommen beide aus einer Quelle und haben letztlich den gleichen Sinn. Schon Bernhard von Clairvaux bezeichnete die compassio, das leidende Miterleben, als eine Weise des Erkennens. Und zum Mystiker Heinrich Seuse aus Konstanz sagt Jesus: „Du mußt den Durchbruch nehmen durch meine gelittene Menschheit, wenn du zu meiner unverdeckten Gottheit vordringen willst."

Abb. S. 93

Das Spätmittelalter (Mitte 13. bis Anfang 16. Jahrhundert) hat nicht mehr den großen Atem und die geistige Kraft, aber auch nicht mehr die finanziellen Mittel, um Kathedralen zu bauen. Dafür rankt sich um die Gotteshäuser ein Kranz von *Kapellen* und Altarräumen mit einer Fülle von kleinen Bildern und Figuren *für die persönliche Andacht* und intime Frömmigkeitsübung. Die großen Kirchen, die noch nicht fertiggestellt sind, bleiben unvollendet. Erst die Romantik des 19. Jahrhunderts führt beispielsweise den Kölner Dom zu Ende.

Diese Erschöpfung ist m. E. auch an der Gestaltung der spätgotischen Spitzbögen erkennbar. Die steile Spannung der tragfähigen Bogenwölbung sackt zusammen. Sie wird von Zierat umspielt, wird selbst zum sich windenen Ornament. Die früher rational geformten Maßwerke wachsen sich zu wuchernden Pflanzen aus. Überhaupt fällt eine pflanzenähnliche Gestaltung ganzer Architekturen auf. Chorgestühle, Kanzeln, Emporen, Portale, Sakramentshäuser und Altargesprenge ähneln eher *Gartenlauben* als Bauwerken. Wurde die Kirche vorher als Abbild der himmlischen Stadt Gottes verstanden, so wandelt sie sich jetzt in einen Himmelsgarten. Die Malerei zeigt Maria im Rosenhag und die Heiligen im Paradiesgärtlein.

Abb. S. 85

Auch die tiefe Glut der Glasfenster verblaßt. Man versteht nicht mehr ihre Sinnbildlichkeit als Widerschein der Edelsteinfarben vom „Himmlischen Jerusalem". Dafür will man die biblischen Geschichten und das Leben der Heiligen möglichst nahe in die eigene Erlebniswelt, ja in die eigenen vier Wände versetzen. Der goldene oder einfarbige Hintergrund als Zeichen für das „Heilige" der Darstellungen verschwindet. Da-

s. S. 58

für erscheinen „Rahmenhandlungen" mit zeitgenössischen *Stadtansichten* und Interieurs, mit Schauplätzen in heimischer Landschaft. Die *Stifterpersonen* solcher Werke lassen sich und ihre Familien gerne portraitgerecht in die heiligen Darstellungen mit einbeziehen.

Diesen Zug zur „Privatisierung" beobachten wir nicht nur bei den zahllos entstehenden Andachtsbildern, die der persönlichen Frömmigkeit in den Zellen der Klöster und den Kammern der Bürgerhäuser dienen, sondern auch auf den jetzt entstehenden Flügelaltären. Der einzelne läßt sich als Fürst oder Bürger in die Heilsgeschichte aufgenommen darstellen. Noch ist der Mensch, wenn auch tief betroffen, eine Neben-Figur, noch bildet der zeitgenössische Hintergrund eine Rahmenhandlung. Haupt-Sache bleibt das heilige Geschehen. Dem Selbstbewußtsein der späteren Epoche dient dann oft die heilige Geschichte als willkommener Träger der eigenen Selbstdarstellung.

Die spätgotische Schilderung der biblischen Heilsgeschichten läßt ein wachsendes Interesse an der realistischen Darstellung selbst scheinbar alltäglicher Gegenstände erkennen. Aber sie sind noch geistliche Sinn-Bilder. Ihre Bedeutung ist jedoch uns Heutigen meist verborgen. Wir müssen sie uns oft mühsam mit einem gelehrten Apparat entschlüsseln.

Die Not der Zeit und die Not Gottes

Die allgemeine Not und das persönliche Leid sind – wir erwähnten es schon – das Generalthema jener Zeit. Sie prägen die Andachtsbilder des Schmerzensmannes, des Gnadenstuhles, des Vesperbildes (Pietà), der Schutzmantelmadonna, die Darstellungen des Jüngsten Gerichtes und des Totentanzes. Im Gnadenstuhl zeigt sich Gottvater selbst als Mitleiden- Abb. S. 97
der. Vom leidenden Schmerzensmann sieht sich der geplagte, der Einsamkeit des Todes ausgelieferte Mensch verstanden und miterlöst.

„Willst entgehen dem ewigen Tod
und dem strengen Gericht vor Gott,
so fleuch zu dem Gnadenthron
Jesu Christo, dem Gottessohn",
betet Hans Sachs.

Wolfram von den Steinen schreibt: „Gott, der Vater, bisher jugendlich tatkräftig wie der Sohn, wird zum Greise, und der blutüberströmte Schmerzensmann tritt heran, die bedrückten Seelen aufzuwühlen. Die ‚Not Gottes' beginnt."

Der *Gnadenstuhl* ist eine bedeutende und auch ergreifende Darstellung der Dreifaltigkeit. Gottvater hält seinen gekreuzigten Sohn in den Armen. Zwischen beiden schwebt die Geist-Taube. Der Gnadenstuhl wird zuerst in den Meßbüchern gemalt. Er steht zu Beginn des eigentlichen Eucharistiegebetes „Te igitur". Die Initiale T ist an dieser Stelle schon früher gerne als das Kreuz Christi gestaltet worden. Nun erscheint das T-Kreuz im Gnadenstuhl: Gottvater nimmt das Erlösungsopfer seines Sohnes an und reicht zugleich den Menschen den sich hingebenden Christus dar.

Der Begriff „Gnadenstuhl" ist seit Luther verbreitet. Er übersetzt die Verse 15 und 16 im 4. Kapitel des Hebräerbriefes, wo vom „Thron Gottes" gesprochen wird, folgendermaßen: „Denn wir haben nicht einen Hohenpriester, der nicht könnte Mitleiden haben mit unseren Schwachheiten . . . Darum laßt uns hinzutreten mit Freudigkeit zu dem Gnadenstuhl, auf daß wir Barmherzigkeit empfangen und Gnade finden auf die Zeit, wenn uns Hilfe not sein wird."

Die Menschen flüchten unter den Mantel der Gottesmutter vor den drohenden Gefahren der Welt *(„Schutzmantelmadonna")*, suchen aber auch Schutz vor dem Zorn Gottes, der diese Leiden verhängt.

Die *fünf Wunden Christi* werden betrachtet und die *sieben Schmerzen Mariens*, besonders das Vesperbild der weinenden Mutter mit dem blutigen Leichnam Jesu auf dem Schoß, aber auch die verheißenen Freuden Abb. S. 85 des *Paradiesgartens* und des *Rosenhags*. In der mystischen Gleichsetzung mit dem ruhig schlafenden Jünger der *Johannes-Minne* kann der Mensch seine Todesangst bestehen. Das *Heilige Grab* hatte seine dramatische Aufgabe in den Passionsandachten wie in den Osterspielen. Auch der Brauch des *Christkindleinwiegens* entspricht der mystischen Frömmigkeit. Er kommt ursprünglich aus den Frauenklöstern und wird dann überall in den Bürgerhäusern heimisch. Die anschaulichen Gebete eines heiligen Bernhard von Clairvaux und die gemütsbezogene franziskanische Frömmigkeit wecken die erlebensmäßig-nachvollziehende Andachtsübung.

Abb. S. 98 Das *Vesperbild* gehört zu den Andachtsbildern, die mehr das Gemüt als die theologische Gedankenführung anspricht. Die Liturgie und Kunst der Ostkirche kannten schon früher das Thema der Totenklage. Auch im römischen Stundengebet des Karfreitags klagt die Kirche mit Maria in den Kla-

Gnadenstuhl mit Evangelistensymbolen und Stifterpaar. Buchmalerei, Anfang 13. Jh., aus dem Ebrach-Würzburger Psalter (München, Universitätsbibliothek, 4 Cod. Ms. 24).

„Die Passion des Sohnes wird dem Vater vorgestellt: Barmherziger Vater, blicke auf deinen barmherzigen Sohn, der für mich so unbarmherzig gepeinigt wurde . . . Deine Gottheit ist es, die meine Natur angenommen hat, das Richtholz des Kreuzes bestiegen und in seiner Menschheit das qualvolle Opfer erduldet hat. O richte, mein Herr und mein Gott, die Augen deiner Majestät auf . . . den gekreuzigten Leib deines geliebten Sohnes . . . und vergib besänftigt meine Missetaten." (Aus einem mittelalterlichen Gebetbuch)

geliedern des Jeremia: „Meine Augen sind umnachtet vom Weinen. Denn er, der mich tröstete, ist ferne von mir. Ihr alle, die ihr des Weges geht, habt acht und seht, ob ein Schmerz gleich meinem Schmerz. Ihr Völker alle, habet acht und seht meinen Schmerz."

Vesperbild (Pietà), 15. Jh. (Brixen/Südtirol, Dommuseum).

Die italienische Bezeichnung „Pietà" (Erbarmen) für das Vesperbild ist wohl gleichbedeutend dem Schlüsselbegriff der Mystik „Mitleiden". Unsere Bezeichnung „Vesperbild" hängt zusammen mit dem mittelalterlichen Brauch, in der Zeit zwischen der liturgischen Kreuzverehrung des Karfreitags und der Grablegungsfeier am Abend, zur Zeit der Vesper, eine besondere Andacht zu den heiligen fünf Wunden des auf dem Schoß der Gottesmutter ruhenden Sohnes einzuschieben. Im 14. Jahrhundert war die Einteilung des Tages entsprechend den Stufen der Passion Jesu geläufig. Kreuzabnahme und Beweinung fielen in die Vesperzeit des Stundengebetes am Spätnachmittag. Die Mystikerin Mechthild von Hackeborn (+ 1298) erblickte während der Karfreitagsliturgie die schmerzerfüllte Maria mit dem toten Jesus auf dem Schoß, die sie aufforderte, die Wunden Christi zu küssen.

Das Blut aus der Seitenwunde Jesu erinnert in seiner Gestaltung auf den mittelalterlichen Darstellungen deutlich an Trauben und verweist auf die Eucharistie als Frucht der Erlösung. Es gibt Hinweise für den Brauch, die eucharistischen Gaben nach der Abendmahlsfeier bis zur Osterfeier in der dafür geeigneten Brust Christi aufzubewahren (Heiliges Grab im Münster zu Freiburg i. Br.).

Abb. S. 93 Im Brustkorb des „Erbärmdechristus" oder des Gekreuzigten fand man bei Restaurationsarbeiten nicht selten Gebetszettel, auf denen die Menschen ihre Nöte geschrieben hatten und die sie auf diese Weise dem Erlöser „ans Herz legten".

Sinnbilder für Maria

Die Marienverehrung gewinnt seit dem Hochmittelalter vermehrte Bedeutung. Viele Lieder der Minnesänger sind „Unser Lieben Frau" gewidmet. Besonders die Natur- und Liebeslyrik aus dem Hohenlied des Alten Testamentes mit seiner reichen Bilderwelt regt die Theologen und Dichter zu immer neuen Sinnbildern für Maria an. Die Kirchenväter hatten dazu schon den Weg gewiesen.

Auf dem *Epitaph für Dr. Friedrich Schön* in der Nürnberger St. Lorenzkirche stehen vier Typologien des Alten Testamentes außerhalb des rautenförmigen Rahmens, während vier Beispiele aus dem Physiologus die Dreiecksfelder zwischen der Raute und dem rechteckigen Mittelbild mit der Weihnachtsdarstellung füllen. Diese eigenartige Bildkomposition geht auf eine Schrift des Dominikanerlehrers Franz von Reetz († 1421) aus Wien über die Jungfrauenschaft Mariens zurück. Das *Weihnachtsbild* ist in Anlehnung an eine Vision der heiligen Birgitta von Schweden gestaltet. Abb. S. 101

Maria und Josef knien anbetend vor dem nackten Jesuskind, das als der Gottessohn in einem goldenen Strahlenkranz auf der bloßen Erde liegt. Maria trägt ihr Haar bräutlich offen als Hinweis ihrer Jungfräulichkeit. Die blaue Himmelsfarbe ihres Kleides bezeichnet sie als die Mutter Jesu. Der Mantel, den Josef trägt, verweist auf seine Aufgabe als Ziehvater Jesu. Beim Rechtsakt der Adoption nahm der Vater das Adoptivkind unter seinen Mantel. Ochs und Esel kommen in den Weihnachtsgeschichten der Evangelien nicht vor. Aber bei Jesaja (1,3) steht die Messiasklage: „Ein Ochs kennt seinen Herrn und ein Esel die Krippe seines Herrn. Aber Israel kennt's nicht, und mein Volk vernimmt's nicht." Der windige Stall, oft in ruinösem Zustand, bedeutet die zerfallene Hütte Davids, die der Herr wieder aufrichten wird (vgl. Am 9,11). Das Jesuskind liegt außerhalb des Stalles fast auf dem Weg, hat „der Menschensohn doch keinen Ort, wo er sein Haupt hinlegen kann" (Mt 8,20), er, der von sich selbst sagt: „Ich bin der Weg" (Joh 14,6).

Die mythologischen Bilder aus dem Physiologus sind sonst Hinweise auf Christus. Im Zusammenhang der Komposition dieses Bildes sind sie jedoch auf die Jungfräulichkeit Mariens zu deuten, da sie Beispiele sind, „wie die Natur gegen ihren sonst üblichen Verlauf das Leben hervorbringt" (Franz von Reetz). Es sind der Pelikan, der seine Jungen im Nest speist, der Phönix auf dem Scheiterhaufen, der Löwe, der seine Jungen zum Leben erweckt, und das *Einhorn* mit der Jungfrau, von dem es beim Physiologus heißt: „Es ist aber ein Tier, ähnlich einem Böcklein, das ist ganz sanft und hat ein Horn auf dem Kopf. Wenn es aber im Dreischritt daherrennt, wird es auf diese Weise gefangen. Man legt ihm eine ganz keusche Jungfrau in den Weg und sobald es die Jungfrau erblickt, kommt es sogleich ganz zahm und lagert sich in ihrem Schoß. Und wenn es sich da erwärmt hat, bringt sie es eilends an den Hof des Königs, denn kein Jäger vermag es zu fangen. So ist auch unser Heiland, von dem der Prophet sagt: ‚Er hat unter uns aufgerichtet ein Horn des Heiles in dem Hause Davids' (vgl. Lk 1,69)." s. S. 41, 51f.

Über dem Einhornbild kniet *Mose vor dem brennenden Dornbusch* (Ex 3,1ff.). „Wie dort vom Gebüsch das Feuer umfaßt wurde und das Gebüsch doch nicht verbrannte, so wurde hier von der Jungfrau das Licht geboren ohne Verlust der Jungfräulichkeit", erkärt Gregor von Nyssa. Rechts davon kniet *Aaron vor dem Altar mit dem blühenden Stab* des Hauses Levi (Num 17,16ff.). Der Kirchenvater Ephraim der Syrer spricht zu Maria: „Du sprießendes Reis Aarons. Deine Blüte ist dein Sohn, unser Gott und Schöpfer." Darunter sehen wir den Propheten *Ezechiel vor dem verschlossenen Osttor des Tempels,* von dem es heißt: „Dieses Tor soll geschlossen bleiben, es soll nie geöffnet werden, niemand darf hindurchgehen, denn der Herr, der Gott Israels, ist durch dieses Tor eingezogen; deshalb bleibt es geschlossen" (Ez 44,1f.). Das Melker Marienlied singt: „Du bist eine verschlossene Pforte, aufgetan dem Gottesworte." Hinter dem Stifter zeigt ein Engel auf das betaute *Wollvlies des Gideon* (Ri 6,36ff.). In dem Lied aus Melk heißt es: „Gideon, Fürst in Israel, breitet ein Lammfell aus, daß Himmelstau die Wolle überall betaue. So kam die große Kraft, daß du wurdest schwanger, Sancta Maria."

Walther von der Vogelweide hat in seinem „Leich" die meisten allegorischen Vergleiche des Mittelalters für Maria zusammengefaßt:

„Jungfrau und Mutter, schaue der Christenheit Not, du blühender Stab Aarons, du aufgehendes Morgenrot, Ezechiels Pforte, die nie geöffnet ward und durch die der König allein prächtig heraus- und hineingelassen wurde. So, wie die Sonne durch unversehrtes Glas scheint, so gebar die Reine, die zugleich Jungfrau und Mutter war, den Christ.

Ein Busch flammte, an dem niemals etwas versengt oder verbrannt wurde; unberührt von des Feuers Flamme leuchtete sein Glanz weithin. Das war allein die reine Magd, die jungfräulich des Kindes Mutter geworden ist, ohne je von einem Manne berührt zu sein, und aller menschlichen Vernunft zuwider gebar sie den wahren Christ, der sich unserer annahm. Gesegnet sei sie, daß sie den einst trug, der unsern Tod zu Tode schlug! Mit seinem Blute wusch er den Makel von uns, den Evas Sünde uns brachte.

Salomons hohem Thron bist du, Herrin, eine heilige Stätte und Gebieterin. Du bist Balsamblüte, bist Meeresperle, allen Jungfrauen bist du, Jungfrau, eine Jungfrau und Königin zugleich. Dem Lamm Gottes war dein Leib ein kleiner Palast, wo es in Reinheit eingeschlossen lag.

Unbefleckte Magd, dem Felle Gideons gleichest du ganz, das Gott mit seinem Himmelstau begoß. Ein Wort über allen Worten öffnete deiner Ohren Pforten, dessen Süßigkeit dich süß gemacht hat, süße Himmelsherrin.

Besänftige um unsertwillen seinen Zorn, Herrin, barmherzige Mutter auserkoren, du keusche Rose ohne Dornen, du Reine, die du hell wie die Sonne bist.

Dich preist der hohen Engel Schar, doch niemals priesen sie dich so, daß dein Lob bis zur Neige ausgeschöpft worden wäre."

Abb. S. 101: Epitaph (Öl auf Fichtenholz) für Prof. Dr. theol. Friedrich Schön († 1464) in der St. Lorenzkirche in Nürnberg.

Die Predigtkirche der Reformation

Während in Italien die großen, an den Formen der Antike orientierten Bauten der Renaissance entstehen – diese kolossalen Einheitsräume in ihrem gleichmäßigen Licht –, geht nördlich der Alpen mit der Reformation der Versuch einer geistigen Neuformung der Kirche vor sich.

Es ist noch nicht lange her, daß der Einigungsversuch zwischen der byzantinischen und römischen Kirche auf dem Konzil von Florenz (1439) endgültig mißlungen war, da fällt auch die abendländische Kirche in mehrere Konfessionen auseinander. Gleichzeitig, weil unmittelbar damit verbunden, löst sich die Einheit des Römischen Reiches Deutscher Nation in das Vielerlei von Fürstenterritorien und Nationalstaaten auf. Das Mittelalter auf der Grundlage des antiken, universalen, jetzt verchristlichten Weltbildes ist zu Ende. Die „kopernikanische Wende" verabschiedet das über Jahrhunderte hin verläßliche Kosmosdenken, entläßt den Menschen in neue Räume, stellt ihm aber auch die Frage, wohin diese neue Welt „orientiert" ist.

Die Kathedrale war noch das modellhafte Abbild des universalen Kosmos-Verständnisses. Aber schon das Denkgebäude der Spätscholastik war zur lebens- und wirklichkeitsfernen Denkschablone degeneriert und bald von einer neuen, auf experimenteller Naturwissenschaft beruhenden Weltanschauung in Frage gestellt. In diesem Vakuum steht der Mensch mit seinen Fragen, Zweifeln und Hoffnungen für die Entwürfe seines Lebens und der Welt.

Die meisten Menschen versuchen, ihr seelisches Heil zu sichern durch eine Unzahl verschiedenster Frömmigkeitsübungen, auf Wallfahrten zu allen möglichen Heiligen, durch zahlreiche Stiftungen und Ablässe, in frommen und sozial tätigen Bruderschaften, aber auch durch abergläubisch-magische Praktiken. Diese Art von Frömmigkeit spiegelt sich auch in den religiösen Bildwerken dieser Zeit. Weniger der biblische oder theologische Sachverhalt bestimmt ihren religiösen Charakter als ihre Ausrichtung auf das persönliche Erlebnis und Gefühl des einzelnen.

Diese Bilder und sakralen Gegenstände werden oft in großen Auflagen von eigens dafür eingerichteten Werkstätten produziert. Das bedeutet zwangsläufig eine Inflation ihres objektiv christlichen Charakters. Steil führte der Weg von der Höhe des frühchristlichen Mysterienbildes über das Kultbild zum Andachtsbild herab. Und jetzt die reproduzierte Massenware: Sie rührt allenfalls schnell die Gefühle der Menschen an oder bringt abergläubische Seelen in Bewegung. s. S. 92, 94ff.

Hier setzen die Reformatoren an und warnen vor einer götzendienerischen Bilderanbetung. Die „angeheizte" Menge unterschied da nicht mehr lange nach echt christlichem Gehalt oder gar künstlerischem Rang, wenn sie im „Bildersturm" ihre Kirchen radikal ausräumten. Im Gegensatz zu Luther haben Calvin und Zwingli alle Bilder und Figuren aus den Kirchen verbannt. Es sind nun reine Versammlungsräume der Gemeinde, die sich um die Predigtkanzel schart, wo ihr das unverfälschte Wort Gottes verkündet wird.

Die Kirchen der Bettelorden und die Hallenkirchen der Spätgotik kommen den Vorstellungen der Reformatoren und den Bedürfnissen ihres „gereinigten" Gemeindegottesdienstes ziemlich nahe. Die evangelische Predigtkirche übernimmt im wesentlichen dieses überkommene Grundschema: eine möglichst weite Halle oder ein großer Saal. Die *Kanzel* in der Mitte ist der eine Ort für den Gottesdienst, der *Altartisch* für das Abendmahl der andere. Dazu kommt noch – je nach örtlicher Gegebenheit – der *Taufstein*. Nicht selten wird der alte Chor mit dem Hochaltar ganz entfernt oder einfach durch hohe Einbauten optisch ausgeschieden. Dafür bekommt die *Orgel* für den evangelischen Gottesdienst mehr Bedeutung. Dementsprechend wird sie größer und aufwendiger gebaut. s. S. 88ff. Abb. S. 104

Die Seitenaltäre der katholischen Kirche werden in den evangelischen Kirchen von Epitaphaltären oder Wandgräbern abgelöst. An die Stelle der Heiligenbilder treten *biblische Szenen aus dem Alten und Neuen Testament*. Gerne sind diese typologisch aufeinander abgestimmt und rükken die Lehre und Praxis der Reformation in den Blick, vor allem Taufe, bis in die Barockzeit auch Beichte, dann Predigt und Abendmahl. Das eigentliche Thema der Reformation „Sünde und Erlösung, Gesetz und Gnade" wird lehrhaft gezeigt in der Gegenüberstellung von Sündenfall mit der Vertreibung aus dem Paradies und den Szenen aus dem Neuen Bund: Verkündigung, Taufe Jesu, Kreuzigung und Auferstehung.

An der Kanzel wird beispielsweise der Gesetzesübergabe an Mose der Predigtauftrag an die Apostel und ihre Aussendung durch Christus zugeordnet. Als die neuen apostolischen Prediger erscheinen mitunter deut-

„Vera Imago veteris Ecclesiae Apostolicae".
Kupferstich, 17. Jh. (Paris, Bibliothèque Nationale).

Neben dem lateinischen Titel findet sich der deutsche: „Ware abcontrofeitung der alter Apostolischer Evangelischer Kirchen". Die architektonische Erscheinung dieser Kirche ist höchst bezeichnend für die Bedürfnisse der reformierten Kirchen. Anstelle der Längserstrekkung einer mittelalterlichen Basilika mit der Trennung von Langhaus und Chor ist hier ein einheitlicher Raum vorgestellt, dessen Mittelpunkt die Kanzel bildet, um die sich die Gläubigen versammeln. Die beiden Altäre – nur mehr als Tische ausgebildet – dienen dem Vollzug der beiden den Protestanten verbliebenen Sakramente, der Taufe (links) und dem Abendmahl (oben).

lich erkennbar die Reformatoren selbst. Fast durchwegs zeigt das Altarbild eine Darstellung des Abendmahles. Lukas Cranach d. J. setzt an die Stelle der Apostel hier die Gemeinschaft der Reformatoren. Ein überlanger Holzschnitt aus Nürnberg zeigt die Taufe Jesu in der Pegnitz vor den Toren dieser Stadt. Im Vordergrund knien als Förderer und Schutzherren der Reformation einige namentlich erkennbare Kurfürsten und Herzöge, rechts davon mehrere bedeutende Reformatoren wie Hus, Luther, Melanchthon und andere.

In der Folge entsteht in der evangelischen Kirche aus ihrer Gottesdienstpraxis heraus der *Kanzelaltar*. Er ist eine Verbindung von Altar und darüberstehender Kanzel. Gar nicht so selten ist auch die Orgel in dieses Gebilde mit eingebaut. Die Einheit von Wort, Sakrament und Gotteslob wird so auch äußerlich sichtbar. Als die neuen Schutzpatrone der Kirchen erscheinen jetzt die Landesherren, die großen Fürsten wie die kleinsten Barone. Sie verstehen es durchaus, sich auf Denkmälern, eigenen Emporen und Logen in der Kirche repräsentativ ins Bild zu setzen.

Zwischen den Zeiten

Albrecht Dürer steht mitten in dem Bruch vom Mittelalter zur Neuzeit. Dem Bilderverbot einiger Reformatoren hat er als Künstler und als gläubiger Christ widerstanden: „Unangesehen daß jetzt bei uns und in unseren Zeiten die Kunst der Malerei durch etliche sehr verachtet und gesagt will werden, sie diene zur Abgötterei; denn ein jeglicher Christenmensch wird durch Gemälde oder Bilder nichts als wenig zu einem Afterglauben gezogen, als ein frommer Mann zu einem Mord, darum daß er eine Waffe an seiner Seite trägt. Müßte wahrlich ein unverständiger Mensch sein, der Gemälde, Holz oder Stein anbeten wollte. Darum (ein) Gemälde mehr Besserung denn Ärgernis bringt, so es ehrbarlich künstlich (=kunstreich) und wohl gemacht ist." Gerade Dürer zeigte, wie über den „Bruch" hinüber in der modernen Kunst der Ausdruck des christlichen Glaubens möglich ist. Wir sehen aber auch, daß dies kein allgemein verbindliches Modell mehr ist.

Das neue und zentrale Motiv dieses Bindegliedes bzw. Wandels ist das *Porträt.* Zweimal versieht Dürer ein Bildnis Christi als Schmerzensmann mit seinen eigenen, Dürers, Gesichtszügen. Das berühmte Münchner Selbstbildnis hat er nach dem Gestaltungsmuster des Salvator-Christus-Bildes gemalt. Frontal ist er dem Betrachter zugewandt und läßt ihn nicht aus den Augen. „Der christusähnliche Dürer des Selbstbildnisses von 1500, der im Bild die Geschichte überdauert, wird zur exemplarischen Ikone des modernen Menschen schlechthin. Unvergänglichkeit und Geschichte sind für ihn Korrelativa, das heißt, aufeinanderbezogene Kräfte, die man nicht zu trennen vermag" (Herbert Schade).

Bei *Leonardo da Vinci* ist der Aspekt des Ewigen bereits nicht mehr zu sehen. Leonardo war hellhörig und hellsichtig für alle Vorgänge der Natur und alle Umwälzungen der Geschichte. Er notierte Prophezeiungen und Untergangsvisionen. Dann begann er mit einer Serie von Zeichnungen des Weltgerichtes, die er exakt gemäß der Beobachtung der Naturgesetze als Naturkatastrophen schildert. „Wir haben das Jüngste Gericht vor uns. Nur ist das uralte biblische Thema säkularisiert und auf moderne Weise in Angriff genommen. Man sieht nicht Christus die Toten auferwekken, nichts von Lohn und Strafe. In der Katastrophe veranstalten die Menschen untereinander ein grausiges Gemetzel. Schließlich folgt der letzte Kampf der Tiere, und am Ende ist alles leer und tot" (Georg Kauffmann). Diese „a-theistische" Darstellungsweise des Jüngsten Gerichtes, d.h. eine Darstellung ohne Gott, ist allerdings zu dieser Zeit die Ausnahme, ein Vorgriff auf die Moderne. Dennoch ist sie bezeichnend.

Die Madonnen des „göttlichen" (!) *Raffael* sind hinreißende Frauenbildnisse. Aber keines ist je ein vom Volk besuchtes und verehrtes Gnadenbild geworden. Sie sind vermutlich doch nicht so weit entfernt von einer „Mischung aus Religion und Landpartie" (Theodor Fontane). So manche biblische Person, manche Heiligengestalt muß den Malern herhalten für eine Akt- oder Bewegungsstudie, umrahmt von einer, sich an der Antike orientierenden Architektur.

Die barocke Kirche als Schauplatz des Himmels

Der Herrscher und sein Thronsaal
Dem neuen Ideal des Menschen als autonomer Person entspricht jetzt in der Kunst der vollkommene Mensch auf dem Höhepunkt seiner Kraft und Schönheit. Im politisch-öffentlichen Bereich wird dies dem herr-lichen Menschen, dem Herrscher zuerkannt, aber auch von ihm beansprucht. Ihm werden die Attribute der heidnischen, antiken Heroen und Götter verliehen. Die Freskomaler versetzen den Fürsten samt seinen personifizierten Tugenden und Großtaten in den antiken Götterhimmel, der sich an der Decke über dem Thronsaal auftut. Solche Darstellungen sind repräsentativ, d.h., ihre Aufgabe ist die Zur-Schau-Stellung der Macht und des Glanzes des auftraggebenden Herrschers.

Diese neue Sinn- und Formgebung in der Sprache der Antike beginnt in den Schloßbauten der Renaissance (Palazzo Pitti in Florenz) und gipfelt schnell in dem Urbild der barocken Residenzen, im Schloß Versailles. Diese Herrschaftsarchitektur trägt sakrale Züge, wie andererseits die Barockkirchen oft den Charakter von herrschaftlichen Thronsälen haben, nur eben zur Verherrlichung der höchsten Majestät Gottes.

Borromini errichtet 1642–55 im Auftrag Urbans VII. die Universitätskirche *S. Ivo zu Rom* als das salomonische „Haus der göttlichen Weisheit". Vom „Himmel" in der Kuppel fließen die Lichtstrahlen der Geisttaube auf die Statuen der zwölf Apostel herab, die bis ins 18. Jahrhundert in den heute leeren Nischen gestanden haben. Wem dieses Licht der Weisheit zu verdanken ist, kann man an den Sternenbahnen erkennen, die als Verlängerung der Flammen und Strahlen des Heiligen Geistes zu den Nischen herabführen. Die Sterne sind dem Wappen des Barberini-Papstes Urban VII. entnommen. Aber auch die sternenbekrönten Hügel (Monti) und das Eichenlaub der Barberini fehlen nicht.

Abb. S. 108

Wenige Jahrzehnte später entsteht für den Sonnenkönig Ludwig XIV. Versailles als sinnbildlicher Ruheort des Sonnengottes Apollo. Das „Allerheiligste" von Versailles ist das Schlafzimmer des Königs mit dem Thron-Bett. Der Platz des Bettes war wie ein Altar durch eine Balustrade abgegrenzt. Jeder Eintretende mußte eine Verbeugung vor dem Bett machen, auch wenn der König nicht darin lag. Niemand durfte hinter die Sperre tre-

Schnitt und Grundriß der 1642–55 von Francesco Borromini erbauten Kirche S. Ivo im Hof der Sapienzia in Rom. (Aus: Opera de Caval. F. Borromini, Rom 1720.)

ten und das Bett berühren. Zweimal täglich versammelte sich der Hof, um nach strengem Zeremoniell am „Aufgang" der königlichen Sonne, dem „Lever", und dem Zubettgehen, dem „Coucher", teilzuhaben. „Wie die Sonnenmonstranz nur sinnvoll ist, wenn in ihrer Mitte die Hostie eingesetzt ist, deren Strahlen sie versinnbildlicht, so ist der ganze riesige Formenapparat von Versailles nur sinnerfüllt, wenn seine Mitte der einnimmt, für den diese ganze Kunst allegorische ‚Monstranz' und ‚Glorie' ist: der Roi soleil" (H. Sedlmayr).

In Fortführung dieses Gedankens ist dann erst recht jede nicht profanierte Kirche, und wenn es die prächtigste Barockkirche ist, eigentlich „sinn-los", eben nur ein Museum für historische und ästhetische Interessen, wenn ihr geistlich-transzendenter Bezug für den Besucher keine Lebenswirklichkeit bedeutet.

Merkmale der Barockkirche

Der Geburtsort des barocken Kirchenbaues ist Rom. Hier wurde die antike Formensprache der Renaissancebauten lebendig weiterentwickelt. Italiener brachten nach dem Ende des Dreißigjährigen Krieges den barokken Kirchenbau im Gefolge der Gegenreformation in die katholischen Länder Süddeutschlands und der Habsburger. Auch wenn das Konzil von Trient (1545–1563) den wiederentdeckten antiken Rundbau für eine christliche Kirche als nicht angemessen hielt, erfanden die Baumeister immer neue und überraschende Abwandlungen und Kombinationen des *Zentralraumes*. Vor allem für die Wallfahrtskirchen wurde der Zentralraum, von wenigen Ausnahmen abgesehen, die Regel. Aber auch die längsgerichteten Kirchen sind oft mit Kuppelräumen verbunden, nicht selten sind ihnen längs- oder querovale Raumelemente eingeschrieben.

Dies hat eine unterschiedliche *Lichtführung* zur Folge, die bewußt und mit dramatischer Wirkung auf den Altar, auf ein Bild oder eine Figurengruppe gerichtet wird. Überhaupt zeigt eine gezielte Verknüpfung, Abstimmung und Ergänzung von Architektur, Bildhauerei und Malerei den Willen zur Schaustellung, zum *Theatrum sacrum*. Die kulissenhafte Stel- s. S. 110ff.
lung der Seitenaltäre, die Anordnung der Säulen und Figuren, die Reihung der Seitenemporen als Proszeniumslogen, die Abstufung der Farben und die Steigerung des Lichtes, führen die Blicke der Kirchenbesucher zum Hochaltar, wo sie von der Erde zum Himmel gelenkt werden.

Dieses Übersteigen und Hinüberführen von einem Raum in den anderen, von einem realen Anblick in eine *illusionistische Sicht*, von der

Skulptur in die Malerei, vom Dämmer zum Licht, wird für die Kirchenbauten sinnbildhaft angewendet.

Der damalige Prokurator Juan d. S. Buonaventura schreibt dem Neubau von S. Carlo alle Quattro Fontane in Rom sogar eine glaubensvermittelnde Aufgabe zu: „Alle Dinge sind in der Weise zugeordnet, daß eines nach dem anderen verlangt und der Beschauer angeregt wird, seine Blicke stets weitergehen zu lassen. Oft haben wir von der Tribuna und den Logien aus beobachtet, wie die Fremden die Bewegungen hin und her machen, ohne daß sie weggehen und etwas für eine Weile sagen können. Und wer wiederkommt, sieht immer Neues, so daß stets der Wunsch verbleibt, noch einmal hinzugehen. Der Grund liegt nach meinem Dafürhalten darin, daß hier etwas Göttliches nachgeahmt ist. St. Peter und St. Thomas erzählen von den Engeln, daß sie sich danach sehnen, den Heiligen Geist zu erblicken. Und wenn es schwierig erscheint, dies zu verstehen, da sie doch selig sind und den Heiligen Geist immer sehen und genießen können, so antworte ich darauf, daß eben gerade dies die Vision ausmacht, daß stets die Sehnsucht wach bleibt, danach zu blicken."

Heiliges Schauspiel

Im Jahre 1670 vollendet Bernini, neben Borromini der andere große Barockbaumeister Roms, zugleich mit den Kolonnaden des Petersplatzes für das Jesuitennoviziat die Kirche *S. Andrea al Quirinale*. Proszeniumslogen und Doppelsäulen umrahmen den Altarraum, wo die Aufnahme des heiligen Andreas in den Himmel über der Darstellung seines Märtyrertodes „inszeniert" wird. Auf dem Altarbild richtet der gekreuzigte Apostel sein Gesicht nach oben; ein Engel zeigt mit dem Finger über die Wolken weiter hinauf ins Licht. Das Geschehen wird nun plastisch weitergeführt: Ganz in strahlendes Gold gefaßte Engel schweben auf goldenen Strahlen herab, um den Heiligen nach oben, aus dem Bild heraus, ins Licht zu geleiten. Dieses Licht strömt aus einer vom Betrachter im Hauptraum nicht sichtbaren Kuppelöffnung. Über dem Segmentbogen des Giebelfeldes vor dem Altarraum tragen Wolken die Stuckfigur des Heiligen in die Höhe der reich vergoldeten Kuppel.

Eine solche „dramatische" Darstellung vom Tod und der Aufnahme der Heiligen in den Himmel finden wir beispielhaft in den zahlreichen Darstellungen der *Himmelfahrt Mariens*. Über dem Altartisch ist das leere Grab der Maria zu sehen; oben im Altarauszug, dem sinnbildlichen Ort des Himmels, empfangen die Personen der göttlichen Dreifaltigkeit die von den Engeln geleitete Gottesmutter. Diese theologische Bedeutung hat zwar seit jeher das Mysterienbild, welches der Gottesdienstgemeinde zeigt, was in der Messe begangen wird: die Teilnahme an Tod und Auferstehung Christi. Aber in der Feier eines festlichen „Hochamtes" mit mehrstimmigem Gesang und Instrumentalmusik wird für den Gläubigen die Liturgie vollends zum ansprechenden und bewegenden „heiligen Schauspiel", zum „Theatrum sacrum". s. S. 32

In der niederbayerischen *Klosterkirche zu Rohr,* einem ehemaligen Augustiner-Chorherrenstift, führt Egid Quirin Asam das „Theatrum sacrum" von der Himmelfahrt Mariens mit lebensgroßen vollplastischen Figuren auf. Alles ist vorhanden: eine Bühne – wieder von zwei Balkonen flankiert –, eine raffinierte indirekte Beleuchtung und der Bühnenvorhang samt Schnüren. Inmitten der Säulenkulissen geschieht das heilige Schauspiel. Gezeigt wird die Szene, wie – nach der Legende – die Apostel das Grab Mariens geöffnet haben, um auch dem Thomas die verstorbene Muttergottes sehen zu lassen, da er bei ihrem Tod und Begräbnis nicht anwesend war. Jedoch das Grab ist leer. Nur Tücher und duftende Rosen finden sie. Alle sind in höchster Erregung: zweifelnd und abwehrend die einen, verzückt in ekstatischer Freude andere, aber auch demütig glaubend; und einer ist wie in mystischer Schau. Über ihnen wird Maria, frei schwebend, von zwei Engeln in den goldschimmernden Glorienkranz des Himmels zur Heiligsten Dreifaltigkeit getragen. Ein lateinischer Text begrüßt in Anlehnung an das Hohelied die Selige: „Komm, meine Taube, du einzige, empfange die dreifache Krone! Denn du bist des Vaters Tochter, des Sohnes Mutter und des Geistes Braut." Abb. S. 113

Die Aufnahme Mariens ist inszeniert über dem Altartisch mit dem Tabernakel und über dem hufeisenförmigen Chorgestühl. Dieses „wendet sich allerdings, wollte man es mit dem Hufeisengrundriß eines Theaters gleichsetzen, nicht gegen die Bühne, sondern gegen das Kirchenschiff. Die Augustiner-Chorherren waren also nicht Zuschauer, sondern Teilnehmer des heiligen Theaters. Wie die Hochaltarfiguren waren sie weiß gekleidet; buchstäblich aus ihrer Mitte wurde Maria in den Himmel aufgenommen. In der Sphäre des Theaters hat Maria als Bild den gleichen Realitätsgrad wie die zelebrierenden Mitglieder des Augustiner-Chorherrenordens, deren Hauptheilige sie ist. Illusion und Wirklichkeit sind im Sinne des Spätbarocks untrennbar verschmolzen" (Gerhard Hojer). Mit anderen Worten gesagt: Die Kirche wird in der Feier der Liturgie zum Schauplatz des Himmels.

Das frühere Werk der Asambrüder, die niederbayerische *Abteikirche Weltenburg* in der Donauschleife bei Kelheim, ist vollkommenes „heiliges Theater". Das ovale Langhaus der Gemeinde ist der abgedunkelte Zuschauerraum. Der Hochaltar hat kein Altarbild. Dafür öffnet sich zwischen gewundenen Säulen ein Triumphbogen, durch welchen aus dem gleißenden Gegenlicht des Bühnenraumes heraus der opernhaft-antik gepanzerte heilige Georg hereinsprengt, um mit seiner Flammenlanze die zurückschreckende Margareta-Prinzessin vor dem grausig geifernden Drachen zu erretten. Die Regie läßt den heiligen Helden in seiner goldenen Rüstung und das silberne Pferd vom Licht aus den Kulissen nur hinterfangen, während die Vorderansicht der Reitergruppe noch im Halbdämmer bleibt.

Das alte Drama vom Kampf des Lichtes mit der Finsternis, des Guten mit dem Bösen, entscheidet sich genau an der Grenze der beiden Räume, am Übergang des „irdischen" Bereiches der Gemeinde zum „himmlischen" des Altares. Somit wird die Kirche zum Schauplatz der Erlösung.

Dieses Drama wird über die Darstellung der christlichen Georgslegende hinaus auf dem Freskobild an der Bühnenrückwand als die Rettung der Frau vor dem höllischen Drachen der Johannesapokalypse marianisch aufgefaßt und zugleich als die Erlösung der bedrohten Christenheit gedeutet. Das überzeitliche Schauspiel hat aber einen ganz aktuellen historisch-propagandistischen Bezug. Die apokalyptische Frau ist als die Maria Immaculata gestaltet. Und über der Reiterfigur des heiligen Georg prangt im Scheitel des Triumphbogens – wieder in Verbindung mit einer Immaculata – das Wappen des Georgi-Ritterordens, den der bairische Kurfürst Karl Albrecht zur Verteidigung der Lehre von der „Immaculata Conceptio" („Unbefleckte Empfängnis") Mariens gestiftet hat. Diese Verbindung von verschiedenen Zeitereignissen sieht das Mittelalter als eine einzige Heilsgeschichte. Die „moderne" *Aktualisierung* im Barock zeigt das historische Interesse und den geschichtlichen Anspruch der Neuzeit.

Vermutlich verstehen die zeitgenössischen Prediger dieses „Neue" so im
s. S. 6, 114 historisch-aktuellen Sinn, wenn sie das biblische Wort vom *neuen Himmel* auf die neuerbaute bzw. im „stylo moderno" umgebaute Kirche anwenden: „Ein Kirchen bauen ist soviel wie einen neuen Himmel erschaffen . . . Erhebe deine Augen, siehe an diesen neuen Himmel", sagt der Festprediger bei der Kircheneinweihung 1740 in Dießen am Ammersee. Dann zeigt er den Gläubigen diesen „neuen Himmel" auf dem *Deckenfresko* dargestellt und erklärt das „Concept", d.h. das theologische Programm. An der Decke der Barockkirche öffnet sich – meist in illusioni-

Abb. S. 113: Himmelfahrt Mariens von Egid Quirin Asam, 1722/23 (Stuck). Hochaltar der Kirche des ehem. Augustiner-Chorherrenstiftes in Rohr/Niederbayern.

Das Himmlische Jerusalem aus der Bilderbibel von J. U. Krauß, Augsburg 1700 (Hamburg, Deutsches Bibelarchiv).

Der Text über dem oberen Bild lautet: „Offenbarung 21. Cap. Johannes sihet daß Himmlische Jerusalem alß eine Stadt von Gold, Perlen und Edelsteinen gebauet, darinn Gott selbst sampt dem Lamm der Tempel ist." (= oberes Bild)

Cap. 22 „Ganz Geheimnuß-reich sihet Johannes den Strom des Lebens in dem Paradeyß mit allen Bäumen, so daran gepflanzet." (= unteres Bild) stisch gemalter Weiterführung der Architektur des Kirchenraumes – am Gewölbe der Himmel über den Gläubigen. Dort sehen sie in den Wolken eine Schar von Heiligen. Es sind die Kirchenpatrone oder Lokal- bzw. Ordensheilige, die in bewegten Gebärden gleichsam die Gebete der in der Kirche versammelten Gläubigen weiter zu Gott vermitteln. Der thront zuoberst im hellsten Licht, umgeben von den lobpreisenden und anbetenden Engeln. Wieder ist die Kirche Schauplatz des Himmels.

Das barocke Bild-Programm

Im frühen Barock sind die Fresken noch wie auf Leinwandtafeln gemalte Bilder, in schwere Stuckrahmen gefaßt, die eben an die Kirchendecke geheftet worden sind. Im Hochbarock gehen christliche und antik-mythologische Motive eine selbstverständliche Verbindung ein. Ein instruktives Beispiel haben wir in der Anleitung zur Ausmalung der Fresken in der Bibliothek des Augustiner-Chorherrenstifts St. Florian/Oberösterreich:

„Concept zu dem großen feld: In der mitte sitzet die Religion, welche die Tugent mit der Pallas copuliret. Die Tugent und Pallas geben einander die hände zur becräftigung ihrer verlobnus; mit denen anderen händen halten sie ihre insignien: der Glaub als vornembster beistand der Tugent bringet zum brauthschaz das brennende Herz Augustini, wo hingegen Sapientia als erster beistand der Pallas die feder hochgedachten kürchenlehrers praesentiret. Über das herz Augustini seint die worth: Hoc corde und über dessen feder: hac penna, auf der dekhen aber der posaun einer nebst der Pallas schwebenden Famae firmant connubia diva mit goldenen buchstaben geschrieben. Spes setzet der Tugent den brauthcranz von blühenten grünen zweigen auf das haubt (inmassen nach geübten tugenden die früchte der belohnung zu hoff seint); obbemelte Fama aber zihret die Pallas mit einen brauthkranz von cypressen, anzuzeigen, dass; gleichwie der cypressbaum der gewalt des höftigsten sturmwindes widerstehet und keiner verwesenheit unterworfen ist, also auch der ruhm des weisen und gelehrten durch keine neider und tadler kan unterdrukhet, noch durch die lange zeit in vergessenheit gestellet werden. Charitas als auch einer von denen fürnembsten beiständen der Tugent präsentirt die 2 brauthringe, zu bedeuten, dass wan Tugent mit der wahren weisheit vereinbahret ist, auch die liebe zu gott (gleichwie dieser beeden ring) ohne ende und in höchster vollkhomenheit sei. Die übrigen beistände der Tugent seint: Iustitia, Devotio, Temperantia et Constantia, von seithen der Pallas aber: Theologia, Iuridica, Medica et Philosophia, deren ein jegliches einen grünen hochzeitsstrauss nebst denen ihnen zugeeigneten insignien in händen tragct und, zuvolge der mahler regul vernünftig gruppiert, nach den gueten iudicio des mahlers theils sitzent, theils stehent könen entworfen und vorgestellt werden. Weithers heruntern stürzet Prudentia mit einer lanzen die Közerey, den Irrtum, die Unwissenheit und Müssiggang nebst anderen lastern; dan tugent und wissenschaften vereiniget triumphiren gleichwie das herz und feder Augustini über alle ketzereien und laster. In der höhe ziehen einige genii, welche aus ihren cornucopie verschidene früchten und sowohl zeitlich als geistliche ehrenzeichen ausschitten, umb zu lehren, dass der tugentsame und gelehrte alzeit gesegnet sei und keinen mangl leide, auch dass man durch tugent, wissenschaften und künsten zu denen höchsten würden und ehren gelangen köne. Es kunte auch in der weithe die Poesis auf der leiren Appollinis gleichsam ein hochzeitlied anstimmen.

Man pflegt die tugenten und laster auf verschidene sehr differente hieroglyphische arthen vorzustellen. Weilen aber bei disen concept keine gleichgiltigkeit stattfindet, so will ich auch beschreiben, wie selbige, um dem concept recht conform zu sein, durch des künstlers pinsel solten entworfen werden.

Religio wird vorgestellt als eine matron, deren gesicht mit einem subtilen reinen schleier bedeckt ist; ist mit einem mantel von trapdon *(sic! drap d'or)* in form eines pluvials gekleidet; denn gleichwie das gold das edelste und beständigste metall in allem ungewitter, ja in dem feuer selbst seine reinigkeit und splendor erhaltet, also kann auch die wahre religion von keiner közerei-tyranney etc. verdunkelt und verunreinigt, ja von den pforten der hölle selbst nicht überwältigt werden. Ob ihrem haupte schwebet der Heilige Geist mit vielen, hellglänzenden strahlen umgeben, welcher allzeit die wahre religion erleuchtet und regiert; sie hält in einer hand die schlüssel Petri, um dadurch die christliche gewalt und autorität, so nur in der christlichen katholischen religion zu finden, anzuzeigen. Neben ihr sind die zwei tafel Moysis und das evangelium als die grundsätze der religion; die andere hand haltet sie etwas in die höhe über die geschlossenen hände der Tugend und der Pallas, als wollte sie gleichsam ihr eheverlöbnis benedicieren . . . "

Man spricht gerne von der Bauwut der Barockzeit. Tatsächlich sind allein in Bayern und Schwaben an die neunzehnhundert Bauten neu errichtet oder „barockisiert" und mit drei- bis viertausend Fresken versehen worden. In den Sakralbauten begegnen uns immer *wiederkehrende Generalthemen:* die Verherrlichung der Heiligsten Dreifaltigkeit, des Namens Jesu, der Gottesmutter Maria. Marianische Themen sind die Sieben Freuden bzw. Leiden Mariens, die Lauretanische Litanei, der Rosenkranz, Maria als siegreiche Patronin der Kirche gegen die Gefahren der Türken und Ketzer, oft in Verbindung mit den Motiven der apokalyptischen Frau aus der Offenbarung des Johannes. Wir sehen den Kampf des Glaubens gegen den Unglauben in den Heiligenleben dargestellt, die Überwindung der Laster durch die Tugenden, bewundert von den Personifikationen der vier damals bekannten Erdteile, faßbar von den Menschen mit ihren fünf Sinnen.

Wenn es sich irgendwie machen läßt, werden die *Grundrisse und Ansichten* symbolisch nach dem Generalthema gestaltet. Für eine Dreifaltigkeitskirche wird beispielweise die „sprechende Architektur" über einem Dreieck errichtet (Kappel bei Waldsassen), für eine Gnadenkapelle über einem herzförmigen Grundriß (Skalka bei Muŝek, Böhmen) und für eine Marienwallfahrtskirche über einem Stern. Maria ist der Morgenstern (Maria Hilf in Eisenstein bei Schüttenhofen).

Zu welch komplizierten Architekturen dies führen kann, sehen wir in der *Wallfahrtskirche auf dem Grünen Berg bei Saar/Böhmen*. Die Pläne dazu lieferte Giovanni Santini. Die Kirche ist dem hl. Johannes von Nepomuk geweiht. 1393 wurde er, der als Generalvikar des Erzbischofs von Prag sich gegen die Übergriffe und Grausamkeiten des Hofes und des Königs einsetzte, auf Betreiben Wenzels IV. in der Moldau ertränkt. Sein Leichnam sei wieder an die Oberfläche des Wassers gekommen, von fünf helleuchtenden Sternen umgeben. 1729 gelangte er als Märtyrer des Beichtgeheimnisses zur Ehre der Altäre. Als man 1719 den Sarkophag öffnete, war die Zunge des Heiligen unversehrt. Die Anzahl der fünf Sterne, die auch den fünf Buchstaben des Wortes „tacui" (= ich habe geschwiegen), entsprechen, und die gotisch anmutende Form der unversehrten Zunge wurden zu Leitmotiven für die neue Wallfahrtskirche. Das auftraggebende Marienkloster von Saar wollte aber auch ein marianisches Motiv verwendet sehen. So kam das Zehneck des mittelalterlichen Marienbrunnens in den Zentralraum. Die Kirchweihpredigt von 1722 begrüßte den seligen Patron als Bräutigam, dem der Marienkonvent von Saar seine Töchter zur Braut gab, nämlich die neuerbaute Wallfahrtskirche. Aus der ehelichen Verbindung von Nepomukstern und dem marianischen Morgenstern sollte ein goldenes Zeitalter hervorgehen.

Grundriß für die 1720–1722 errichtete Wallfahrtskirche auf dem Grünen Berg bei Saar/Böhmen.

Ein anderes Beispiel, wie die Maler die symbolischen Bezüge der Theologen anschaulich machen, sehen wir im Chorfresko der *Wallfahrtskirche von Birnau am Bodensee.* Maria, die Kirchenpatronin, ist als die apokalyptische Frau dargestellt. Die ihr unmittelbar zugesellte, als Frau personifizierte göttliche Liebe trägt ein Kind im Arm und hält zugleich ein brennendes Herz hoch. Der Lichtstrahl aus diesem brennenden Liebesherz fällt auf einen Spiegel, den ein Putto hält. Dieser Spiegel ist jedoch nicht gemalt, sondern besteht aus echtem Spiegelglas.

Man liest oft, dies wäre ein scherzhafter Kunstgriff des Malers. Was er beabsichtigt, ist aber mehr. Wenn der Kirchenbesucher zur Gottesmutter aufblickt, sieht er sich selbst in diesem Spiegel; aber in Verbindung über diesen Spiegel sieht er sich selber getroffen vom Gnadenstrahl der göttlichen Liebe.

Der theologisch Gelehrte damals wußte noch mehr: Ein Spiegel bedeutet auch die jungfräuliche Mutterschaft Mariens und außerdem die Liebe. Tatsächlich gehen von dem noch ungeborenen Jesuskind im Schoß Mariens die Lichtstrahlen auf das brennende Herz in der Hand der personifizierten Liebe, werden von dort weitergeleitet auf den Spiegel und treffen schließlich den nach oben blickenden Menschen. „Spielerisch" wird so dem Betrachter die Glaubensaussage von Maria als der Vermittlerin der Gnade vor Augen geführt.

Der leere Himmel

Wie der gemalte Himmel über dem barocken Kirchenraum seine sinnbildliche Aufgabe im ausgehenden Rokoko verliert, wie überhaupt die über Jahrhunderte hin gültige Darstellung des Heiligen am Ende ist, zeigt ein Vergleich zweier Kuppelfresken mit den gleichen Themen:

Das ovale Deckenbild von Johannes Ev. Holzer aus dem Jahre 1739 in Abb. S. 119 der Wallfahrtskirche *St. Anton in Partenkirchen* zeigt die Wundertaten des Kirchenpatrons, des heiligen Antonius von Padua. In einer offenen Säulenhalle über dem Gewölbesims sind die Wunder geschildert, wie sie im Stundengebet des Antoniustages genannt werden. Dann beginnt die himmlische Zone. Eine gemalte Scheinkuppel ist von goldgelben Wolken erfüllt, Scharen von Engeln sind eingedrungen und assistieren der Begegnung des heiligen Antonius mit dem herabschwebenden Jesuskind.

1798 malt Goya in die Kuppel von *San Antonio de la Florida in Madrid* auch ein Fresko, wieder eine Wundertat des heiligen Antonius, die Totenerweckung eines Ermordeten. Auch hier ist über dem Gesims der Ort, wo die Tat geschieht, und darüber breitet sich der Wolkenhimmel. Aber dieser Himmel bleibt geschlossen. Keine himmlischen Wesen, nicht einmal sinnbildliche Lichtstrahlen dringen durch die Wolken. Der gemalte

Himmel ist die Schilderung von Wolken, Luft und Licht als meteorologische Erscheinung. Das Wunder selbst wird gebrochen dargestellt, gespiegelt in den Reaktionen der zuschauenden Menschen. In Goyas Freskenwerk hat der barocke Himmel als Zeichen für die göttliche Welt keine Gültigkeit mehr. Dafür wird die existentielle Auseinandersetzung mit dem Wunder in den Gesichtern der Beteiligten gezeigt. „Man wird wohl kaum anderswo eine so verschiedene psychische Reaktion auf das Heilige künstlerisch überzeugend dargestellt finden, wie in diesem Kuppelfresko" (H. Schade).

Deckenfresko von Johannes Ev. Holzer, 1739, in St. Anton, Partenkirchen.
Zwischen den Plagen und Nöten der Erde (Bettlerfigur) und dem Heil des Himmels (das segnende Christkind) vermittelt der jugendliche heilige Antonius durch seine Fürbitte. Die gemalte Architektur bezieht den Betrachter in dieses Geschehen mit ein.

Es ist die Zeit der *Aufklärung,* welche meint, mit dem Licht des Verstandes allein wäre der Wirklichkeit beizukommen. Darum hat sie auch für die Darstellung des Glaubens, letztlich für das Geheimnis, keine Möglichkeit mehr. Die Kirchenräume werden hell und klar ausgeleuchtet. Alles ist überschaubar. Nur noch die Bilder haben Farbe.

P. Charpentrat beschreibt den Eindruck einer solchen *klassizistischen Kirche:* „Urnen lasten mit dem ganzen Gewicht des Nicht-wieder-Gutzumachenden auf den Schlußsteinen der seitlichen Bogen, dort, wo sich ehemals die schwungvollen Rocailles entfalteten und Farnkräuter aus Stuck sprossen. Ihre Enden hängen herab wie Bleischnüre. Die Engel fliegen nicht mehr, und wenn sie einen schweren Gegenstand stützen, wie etwa die ovalen Bilder bei den Altären des Querschiffes in *Wiblingen,* dann nicht, um sie in einer positiven Absicht fortzutragen, sondern um sie vor dem Herabfallen zu bewahren. Ihre Haltung ist ungemein ‚naturgetreu': Sie packen zu wie Möbeltransporteure . . . Das Schiff von Wiblingen ist riesengroß, und dennoch verbietet es jede ausholende Bewegung. Gott . . . findet in dieser ganzen Leere keinen Platz."

Bevorzugt werden jetzt biblische Themen dargestellt. Aber selbst diese sind keine gemalten Glaubensgeschichten mehr, sondern wie sorgfältig vorgezeichnete und ausgeführte Historienbilder. Wenn aber jetzt die Geschichte der Offenbarung zur biblischen Sachkunde verkümmert, kann sie den Menschen mit seinen Fragen, seiner Hoffnung und seinem Scheitern nicht mehr ansprechen und anrühren. Wie der Glaube selbst wird die Darstellung des Heiligen zum dünnen Ornament oder zum beliebig auswechselbaren sakralen Stil.

Auf die Nüchternheit des vernünftig Einsichtigen und Machbaren folgen bald die Sehnsucht der Romantik nach einem ursprünglich-religiösen Gefühl und die meist kraftlosen Restaurationsversuche einer vergangenen, alles umfassenden und durchdringenden Weltanschauung. Dies sieht man im christlichen Mittelalter verwirklicht. Seine Formensprache wird nun im 19. Jahrhundert für die Neubauten der Kirche etwa im „gothischen Styl" empfohlen. All diese historisierenden, nachahmenden Kirchenbauten der Neuromanik oder Neugotik sind interessante und anschauliche Zeugnisse einer um Sicherheit ringenden Frömmigkeitsgeschichte. Bei allem Respekt vor der technischen und restauratorischen Leistung dieser Zeit können aber solche Neo-Stile letztlich nicht überzeugen, wenn neben der neugotischen Kirche der Bahnhof im altkirchlich-byzantinischen Stil glänzt.

Erst die Erschütterungen zweier Weltkriege haben zu einer ehrlichen Formensprache in der Darstellung des Heiligen in der Kunst und im Kirchenbau angeregt. Aber dies ist nicht mehr das Thema dieses Buches.